Nicole

LA VIE, APRÈS

DU MÊME AUTEUR

Vous n'aurez pas ma haine, Fayard, 2016

Antoine Leiris

LA VIE, APRÈS

récit

Robert
Laffont

ISBN 978-2-221-24641-2
Dépôt légal : octobre 2019

« Nous [...] n'étions pour ainsi dire que la fin d'un lignage [...]. On aurait pu croire que nous n'existions pas, que des personnages invisibles mais beaucoup plus imposants que nous-mêmes, continuaient à emplir de leurs images les miroirs de notre maison. Je voudrais éviter jusqu'au soupçon de recherche un effet, surtout à la fin d'une phrase, mais on pourrait dire, en un certain sens, que ce sont les vivants, dans les vieilles familles, qui semblent les ombres des morts[1]. »

Marguerite YOURCENAR,
Alexis ou le traité du vain combat

« Qui veut se souvenir doit se confier à l'oubli, à ce risque qu'est l'oubli absolu et à ce beau hasard que devient alors le souvenir[2]. »

Maurice BLANCHOT,
Le livre à venir

Avant-propos

J'ai écrit mon premier livre au moment le plus violent et le plus particulier de mon existence. Je venais de perdre ma femme, Hélène, dans les attentats du 13 novembre 2015, au Bataclan.

Dans *Vous n'aurez pas ma haine*, j'ai raconté les jours d'après, ceux qui ont suivi sa mort, que j'ai traversés avec notre fils Melvil, alors âgé de dix-sept mois.

Plusieurs fois depuis, j'ai essayé de reprendre la plume. J'ai d'abord tenté d'écrire une fiction, une histoire éloignée de moi. Je voulais inventer des personnages, des lieux, écrire un vrai roman.

J'ai essayé pendant des mois, avant de me résoudre au fait que j'en étais incapable. Mon imaginaire était tout entier tourné vers l'invention de notre nouvelle vie. Je ne pouvais pas concevoir de créer au-delà de cette nécessité : nous sauver, construire des espaces, habiter notre existence.

J'ai tout jeté et je me suis laissé le temps de vivre.

Le deuil est une succession de transformations. On se débarrasse peu à peu de ses peaux, on change sans cesse. C'est ce que le temps fait d'ordinaire, chez tout le monde. Mais dans ce cas précis, ces changements viennent en accéléré.

Quatre ans plus tard, je peux dire : je ne suis plus le même homme. Melvil non plus. Il n'est plus un bébé, il est un petit bonhomme en pleine forme.

Durant ces années, il est passé du silence et du babillement, aux mots et au langage. Il a grandi si vite.

J'ai attendu de nous savoir solides pour reprendre la plume. J'ai alors tenté de consigner ces mues, cette écume du changement, depuis la perte de tous les repères jusqu'à cet instant où le ciel se dégage, presque d'un coup.

C'est là que vient la « vie après ».

Ce ne sont donc plus dix jours, mais quatre longues années où j'ai appris tant de choses. Dans ce livre, j'ai essayé d'en confier les boucles et les instantanés, de narrer comment j'ai appris à devenir père, à vivre avec les fantômes, à les écouter, à accepter cet interstice si mince entre la vie et la mort.

Aujourd'hui, nous sommes heureux et libres. Libres de notre histoire, forts de notre histoire.

Melvil et moi avons retrouvé le « sel de notre vie ». Alors j'ai voulu écrire à nouveau, mais rien d'autre que ça. Écrire tout simplement. À la première personne.

Moi. Antoine Leiris. Un fils. Un frère. Un père. Et ce nous si particulier que nous formons avec mon fils.

1.

Juillet 2016

C'est l'année d'*après*, au mois de juillet. Je le dépose chez sa grand-mère pour ne pas l'avoir dans les pattes. Je l'embrasse comme on mange les marshmallows – sans pouvoir s'arrêter, on en a plein la bouche et ça colle dans le ventre.

Je le quitte, mais voudrais le garder près de moi. Ce baiser me reste sur l'estomac.

Première ligne, j'ai écrit : « L'année d'*après.* » En relisant, je prends conscience que mon langage a changé. Désormais je dis « avant » ou « après », comme on dit avant ou après la chute du mur de Berlin, avant ou après la Seconde Guerre mondiale, avant ou après l'invention de l'imprimerie, avant ou après Jésus-Christ. C'est le point de bascule de notre histoire.

Je n'ai jamais formulé : «la mort d'Hélène». Je ne le dis pas, l'écrire même sonne faux. Je me contente de situer vaguement les époques dans le temps, de préciser «avant» ou «après».

Je comprends combien c'est brutal et réducteur. Ma façon d'éviter l'obstacle tout en reconnaissant que c'est impossible.

C'est donc l'année d'*après*, au mois de juillet. Tel un cambrioleur, j'ai prévu d'agir en silence et dans l'obscurité. Pas de musique, pas de lumière, il n'y a rien à sublimer dans cet instant.

Chez moi, chez nous, j'attends qu'il fasse complètement nuit. J'observe par la fenêtre : la poussière tombe sur la rue en bas. Une moiteur dense, comme un corps qui s'impose, dénude, excite et afflige, se met à remonter du bitume chauffé à blanc.

C'est bientôt l'heure.

Je débouche une bouteille de rully – le vin blanc contient suffisamment de sulfites pour me permettre d'oublier la soirée qui vient –, et m'assois par terre avec mon verre.

Je me suis donné une nuit pour essayer de «bien» faire les choses. Éviter l'obstacle à nouveau.

Ma mauvaise foi me saute aux yeux : ce ne sera pas suffisant, il faudra aller vite, quitte à bâcler la tâche pour terminer au matin. Impossible de faire «bien» avec si peu de temps. Impossible de faire « bien » avec si peu d'envie.

Je dois réaliser en quelques heures ce que je repousse depuis des mois : choisir, trier, ranger ses affaires à sa place, affronter la forme réelle du deuil. L'appartement en semble inondé. De l'eau, un corps continu, fluide, qui se déverse, remplit les interstices et s'étale en surface.

Notre appartement est intact ; exactement comme avant. Depuis un an, rien n'a bougé.

Adolescent, nous jouions parfois à ce jeu : « Si tu devais emporter trois films sur une île déserte, lesquels prendrais-tu ? » Plus jeune, j'aurais répondu, sans hésiter – *2001 : l'odyssée de l'espace* de Stanley Kubrick pour comprendre enfin la dernière scène, *Le Verdict* de Sidney Lumet pour Paul Newman, *Quai des Orfèvres* pour entendre encore la voix sèche et rocailleuse de Louis Jouvet.

La question pourrait aujourd'hui se poser autrement.

« Si tu devais emporter trois objets pour te rappeler cette vie-là, lesquels prendrais-tu ? »

« Si tu devais emporter trois objets pour que ton fils comprenne quelle était cette vie-là, lesquels prendrais-tu ? »

Être adulte. Penser pour Melvil et pour moi. Les décisions radicales se prennent d'ordinaire pour soi, pas pour deux.

J'aimerais qu'on me conseille, qu'on me dise : dans dix ans, ton fils sera heureux de posséder cela. Dans vingt, tu auras besoin de ça. Dans cinquante, tu aimeras regarder cet objet.

Pourtant, je dois agir seul. Il faudra ensuite assumer mes choix.

Arrêter l'amour d'une vie tout entière à l'instant où il s'est brisé. Puis le décomposer en images et en instants. Le ranger, le classer pour le faire tenir dans des petites boîtes et l'y laisser vivre à nouveau.

Créer un autre espace pour elles, pour elle, l'imaginer entier, respirant l'existant disparu, le continent englouti.

Je ne suis pas attaché aux choses, la propriété m'indiffère et les biens m'encombrent. Depuis toujours, je n'accumule pas, je ne collectionne pas, je ne constitue pas de patrimoine ; je tente d'écrire une histoire.

De mes anciennes vies, je n'ai jamais rien gardé. Je suis de ces familles qui ne s'inscrivent ni dans la pierre ni dans le temps. Jeune enfant, je me souviens, j'enviais ceux qui pouvaient se revendiquer d'une lignée, d'une culture passée. Ceux qui avaient un accent, une couleur, une géographie, quelque chose qui les distinguait des autres et qu'ils portaient malgré eux.

Nous n'avions rien de cela, ainsi le moindre détail me semblait extraordinaire.

On me racontait des séjours à la campagne, dans la maison des grands-parents, les promenades en bord de mer, les sorties en bateau, et je me figurais des aventures épiques, des récits exotiques, un bonheur parfait.

Mon souvenir de vacances le plus marquant se déroule à la montagne, lorsqu'un ami de l'époque m'avait invité dans son chalet familial, une semaine en été. Nous avions fait une grande randonnée et son père m'avait dit que je grimpais comme une chèvre.

J'avais bu directement à l'eau de la rivière. J'avais découpé mon pain avec un Opinel. Je m'étais senti appartenir à cette histoire. J'étais un montagnard, ça coulait dans mes veines depuis des générations.

Plus tard, j'ai pourtant répété le trait propre aux miens : je n'ai rien conservé, ou presque.

J'ai passé ma vie à tout jeter et à recommencer. J'ai quitté des maisons pour en habiter d'autres, avec le vide comme héritage et promesse de renouveau.

Pourtant, notre appartement ressemble à une maison musée. Je pense à cette cabane de Pablo Neruda, sur la Isla Negra, à l'ouest de Santiago du Chili, le long de la côte pacifique, où il est enterré avec Matilde.

La demeure, construite comme un refuge de pierre et de bois, est la même que lorsqu'ils l'habitaient ensemble et les objets qui la composaient y trônent encore – éléments marins, cheval de bois.

Dans le bureau du poète, l'ensemble est pur, comme « avant ». On décrit son bureau immense, rempli d'objets entreposés dans la grande bibliothèque, face à l'océan. Et en observant son fauteuil, certains racontent avoir senti leur cœur vibrer, comme lorsqu'on croit déceler dans une ombre filante ou, dans une masse d'air un peu plus lourde, les traces de la présence d'un fantôme.

Les objets des morts deviennent immédiatement sacrés. Ils sont des reliques, la preuve que ceux qui étaient ne sont plus, qu'ils avaient une vie à eux. Qu'elle avait une vie à elle. Qu'elle avait ses secrets et ses peurs, qu'elle portait ses clefs dans ses poches de pantalon, qu'elle avait attaché ces colliers à son cou ou noué les rubans de ces sandales à ses chevilles.

Ils sont des traits d'union entre l'ici et l'ailleurs, où le vivant demeure un peu. Dans des détails, des vestiges, ainsi que l'on retrouve celles des civilisations disparues.

Je me sens instable. Je reproduis ce que j'ai toujours fait avec, cette fois, une sensation de transgression intime.

Je suis à la fois le gardien et le voleur. Celui qui préserve et celui qui détruit. Le profanateur et le profané.

Devant moi, des cartons sont posés les uns sur les autres. Des meubles éventrés se dispersent sur le sol en objets inutiles.

Il y a, au pied de celui qui supporte une télévision que je n'ai pas allumée depuis au moins un an, une boîte avec des chargeurs de toutes les tailles et de toutes les formes que je n'ai jamais réussi à jeter.

C'est presque la seule chose qui m'a suivi depuis l'appartement que j'occupais en colocation, en banlieue, à vingt ans, jusqu'à ce deux-pièces du quinzième arrondissement de Paris, où nous nous sommes installés récemment. C'était pratique. Il y avait des crèches et des jardins. Puis on s'y est senti bien.

C'est pourtant le quartier le plus triste de Paris. Ni beau, ni jeune, il s'endort à vingt et une heures et se réveille au son des cloches des écoles. Reconstruits après la guerre, ses grands immeubles ont imposé leur architecture et le mode de vie qui l'accompagne. On y habite, on y fait ses courses, on va se promener le dimanche, on fait des enfants, on vieillit, on meurt, et c'est tout.

Notre passé dans le dix-huitième, je le garde en moi comme une boule à neige de collection. Il suffit de regarder à travers le verre pour se souvenir : la vie, les vendeurs ambulants et le bruit du bar en bas.

Les premiers mois de Melvil avec nous dans la chambre. Les nuits courtes et le soleil d'été. Le jour du déménagement, j'ai caché une de ses tétines sous la baignoire de la salle de bains. Pour signaler notre passage et laisser quelque chose de nous.

Le rully n'y fait rien. Chaque geste touche au sacrilège. Je tremble en tombant sur ses cahiers d'écolière. Je touche du doigt son écriture. C'est une écriture de fille, belle et bien rangée.

Les boucles de ses L sont parfaitement bouclées. Les ronds de ses I sont parfaitement arrondis.

Dans une autre boîte, je retrouve des photos d'elle. Une de son corps nu que j'ai prise dans les premières semaines de notre rencontre. Il est dessiné d'hirondelles. Je me remémore son sein dans ma main, la perfection de sa forme et la douceur de ses courbes.

L'espace d'un instant, je pèse son poids, sa légèreté, sa plénitude et je l'étreins. Se souvenir de cette sensation enfouie : son sein, c'était cet endroit où nos peaux se touchaient. C'étaient mon désir et son envie qui se rencontraient.

Toute la nuit, je profane ses tiroirs. J'ouvre des paquets, déchire des enveloppes, vide des pots de maquillage. J'accélère. Je trie sans réfléchir, en me laissant guider par l'inconnu.

Je garde surtout ce qu'elle utilisait au quotidien. Son téléphone – que je n'ai jamais ouvert de peur de violer ses secrets, d'y trouver la preuve d'une infidélité, de lassitude, cela lui appartiendrait, pas à moi.

J'ai rangé dans la boîte où se trouve mon alliance les bijoux qu'elle portait. J'ai gardé le contenu de sa table de nuit et une image de nous, le visage rougi par le froid londonien.

Je réfléchis ensuite à la logistique et à toutes les organisations possibles : je peux classer ses reliques par meubles dans lesquels ils étaient entreposés, par période de sa vie, par utilité, par valeur. Je peux bien faire, de façon organisée et réfléchie.

Au lieu de ça, je me contente de tout ranger en vrac dans des cartons que j'enferme. Quand les affaires y sont bien amoncelées, j'inscris dessus, au gros feutre noir : « Hélène. » Comme si la mort ne lui avait laissé qu'un mot, un prénom.

Le soleil se lève. J'ai dormi à peine trois heures. J'ai les cheveux mouillés, rabattus en arrière, une serviette autour de la taille. Je sors de la douche.

Le voile de gris posé sur Paris lui donne des airs d'apocalypse. La lumière ne perce pas, elle est comme enfermée par l'horizon, contenue ; elle explosera bientôt en rayons orangés.

Mon frère vient chercher les affaires. Il faut faire vite. Ne plus avoir le choix. Tout déposer dans le camion sans ordre ni raison. Faire des allers-retours dans les escaliers. Se casser le dos pour ne plus avoir mal à la tête. Ne plus penser. Partir.

Je déballe tout en coup de vent dans le nouvel appartement. J'ordonne la chambre de Melvil en premier, puis le salon et ma chambre.

Je veux que tout soit prêt pour son arrivée, que ça ait l'air vivant. Ce doit être à la hauteur de ce que je lui ai présenté : une aventure.

Je lui présente tout comme une aventure. Nous sommes ces orphelins des contes sur les routes, deux Rémi de Malot en quête de la prochaine étape du voyage.

On passe notre quotidien à remonter le Zambèze et à escalader l'Himalaya. Aller chez ma sœur, c'est la croisière jaune, on passe à nos risques et périls au travers de terres inconnues.

On y craint les peuples autochtones qui n'ont pas les mêmes usages. On fait face à des animaux qui n'ont de domestique que le nom, des meutes de canidés avec des balles de tennis dans la gueule, des félins tapis sur les rebords de fenêtres et attendant leurs proies, des insectes géants qui transportent peut-être des maladies terribles.

On investit l'extérieur, offerts tout entiers au dehors.

Notre nouvel appartement, au sixième étage d'un immeuble moderne, est donc ce territoire encore inexploré. La prochaine aventure commence en bas, au beau milieu de cette rue rectiligne et minérale.

Il n'y a aucun commerce et très peu de passage. Une école l'anime le matin, le midi et à la sortie des classes. Ça zinzinule quelques minutes puis on entend le silence s'installer de nouveau.

Notre immeuble est neuf, rationnel. Il a tout du confort. Avant, je n'aurais pas supporté. J'aimais les vieilles pierres, leur beauté et leur histoire. L'idée d'un avant et d'un après-nous ; s'approprier notre temps, faire partie d'un tout.

Mais la modernité, le tout en un, l'individuel, le nouveau, le neuf, je m'y suis fait. Sans avant, toute forme d'avant. J'embrasse le tout de suite et le maintenant, le hors-sol, le pratique, l'éphémère, le lavable, l'insonorisé, les angles droits et les murs blancs.

Être prêt à partir, le mouvement permanent.

À la différence des logements anciens, la cage d'escalier n'est pas au cœur de l'immeuble. Le soir, on n'entend rien, ni les couples amoureux qui se pressent de rentrer, ni les fêtards avinés qui se trompent d'étage. Le matin on n'entend pas non plus les enfants dévaler les étages pour se rendre à l'école.

Notre cage d'escalier n'est qu'une issue de secours. Quand il n'est pas en panne, on emprunte l'ascenseur. Comme tout le monde.

Dans les parties communes, le sol est en linoléum. Il fait le bruit des hôpitaux, ça chuinte quand on marche dessus. La lumière est blanche. Récemment, m'a dit la gardienne, on a repeint les portes d'entrée des appartements en rouge. À la suite de plaintes répétées des locataires, elles ont retrouvé leur bleu océan initial.

Pourtant, comme s'il fallait faire oublier la tristesse et la régularité du bâtiment, les architectes se sont permis quelque liberté. Il y a cette structure métallique et perforée qui habille notre balcon et celui des trois étages au-dessus de nous.

Une forme étrange, arrondie, qui rappelle la voile d'un bateau. C'est parfait pour un voyage.

J'avais envie de faire le premier pas. Comme un guide qui reconnaît le terrain, teste la profondeur de l'eau, vérifie que la glace est assez épaisse et le nœud assez solide. Maintenant, je veux lui montrer.

Une fois l'appartement ordonné, je récupère Melvil chez sa grand-mère. J'y dépose un carton d'affaires de l'ancien appartement. Je lui rends sa fille ; je garde ma femme. Elles sont désormais deux personnes et ne seront plus jamais les mêmes. Elles existeront chacune indépendamment de l'autre dans les récits qu'on en fera.

Elles n'auront pas le même caractère, pas la même beauté ni le même nom de famille.

Elles ne s'habilleront pas de la même manière et ne parleront pas des mêmes sujets. N'auront pas la même voix et ne prononceront pas les mêmes mots. Ne seront pas nées le même jour mais seront mortes au même moment, au même endroit.

Melvil me saute dans les bras. Sauter dans les bras. Prendre son élan et courir. Se jeter à corps perdu et se laisser aller. Je suis à la fois l'enfant qui saute et les bras qui le réceptionnent.

Je lui dis, avec le sourire de celui qui a réussi un examen et qui cherche dans le regard de l'autre les félicitations méritées : « Allons à la nouvelle maison. »

Il me tient la main. Le chemin me sert à faire monter son excitation. Le rendre heureux pour éviter la déception, le doute ou toute remise en question.

Je lui parle de la chambre avec ses jouets dedans. Le nouveau salon. J'ai acheté une petite table rien que pour lui, pour dessiner et pour prendre le goûter.

Dans l'ascenseur, je le porte pour atteindre le bouton encore trop haut pour lui. Il s'amuse, sourit.

Nous entrons, je lui dévoile les pièces les unes après les autres. Je crains qu'il n'aime pas, qu'il se dise que ça n'est pas pour nous, que c'est trop anguleux, trop sec, trop précis, trop bétonné pour être une maison.

Il reste silencieux, comme un chaton qui sent longuement une gamelle de lait avant d'y plonger le museau. J'ouvre la porte de sa chambre. La joie le submerge enfin. Retrouver ce qui est familier. Il s'engouffre d'un bond dans sa boîte à voitures.

Sans rien dire, pour le laisser prendre ses marques à son rythme, je vais m'asseoir sur le canapé du salon. L'appréhension ne m'a pas complètement quitté ; je comprendrai plus tard qu'elle ne partira jamais vraiment.

Quelques minutes après, j'entends ses petits pas qui reviennent. Il se poste à côté de moi pour me dire qu'il aimerait sortir. Bien sûr qu'il veut sortir, retrouver le dehors, explorer.

« Tu aimes ta nouvelle maison ? je lui demande.

— Oui.

— Alors, on va sortir. »

Il sourit. On sort. Joie simple. De celle des enfants. Je pense, on est mieux dehors que dedans.

Nous ne rentrons qu'à la fin de la journée. Je le couche dans sa nouvelle chambre, j'ai conservé son lit d'avant. En éteignant la lumière, je lui dis : « Ne t'inquiète pas. Cette nouvelle maison, ce sera juste pour dormir. »

2.

Octobre 2016

Nos chambres sont exactement de la même taille. Et nous avons chacun nos jouets.

Pour moi, ce sont de vieilles montres de marques disparues et ressuscitées, dont les noms fleurent bon la France industrielle – Lip, Yema, Baltic ou Jaz.

Je les range avec soin dans leur boîte et les accommode en fonction des circonstances. Rallygraf, Aquascaphe, Nautic-Ski, Jazistor – autant de promesses de péripéties au bout du poignet.

Pour lui, c'est une montagne de voitures, de personnages en plastique et de pâte à modeler. Il a notamment une collection d'engins de BTP à faire pâlir d'envie n'importe quel chef de chantier.

J'ai navigué des heures sur Internet – une odyssée – pour lui choisir les modèles. J'ai identifié, après avoir consulté de nombreux blogs et les avis de consommateurs, une marque japonaise qui fait les reproductions les plus fidèles et les plus chères. Je les achète par paquets entiers, autant pour le gâter que pour mon propre plaisir.

J'ai six ans, un salaire d'adulte et je veux le magasin de jouets tout entier. Je reviens à la maison les bras chargés et m'allonge sur la moquette de ma chambre pour y jouer. Je peux y passer des heures, des journées. Mon père m'appelle pour dîner.

Nous avons passé nos premiers week-ends d'installation dans des magasins de meubles, pour remplacer ceux qui n'avaient pas trouvé leur place et remplir les vides laissés par l'espace supplémentaire.

Je voulais que ça ait l'air habité, nous inscrire malgré tout dans un espace. C'est ce que j'imaginais de bien pour un père et son fils. J'ai repensé à ces hommes divorcés qui doivent meubler leurs nouveaux appartements pour y recevoir leurs enfants : l'ameublement doit raconter une histoire rassurante – « Papa est bien », « Vous allez être bien ici ».

Alors j'ai accroché des images de nous au mur. Je n'ai pas eu le courage de replonger dans les boîtes, j'ai pris celles qui étaient au-dessus de la pile. Parmi les clichés qui s'y trouvaient : ceux de notre rencontre, nos voyages, les anniversaires, le mariage et la maternité.

J'ai attrapé une des rares où nous sommes tous les trois lors de la fête de la garderie. Melvil a encore sa tétine accrochée à son pull. Il est rond. Il a, au bord des lèvres, les traces du gâteau au chocolat que nous avons préparé. Après, on sortira au parc pour profiter du beau temps.

Sur un autre cliché, il est sur les épaules de sa mère, un matin où nous allons au marché. Elle est déterminée à faire elle-même des compotes qu'il refusera obstinément de manger.

Il y a aussi la photographie que nous avons prise dans une barque du jardin d'Acclimatation. J'ai ma main autour de son épaule et il se blottit contre moi l'air inquiet, comme si l'objectif allait le manger.

Une dernière image nous montre mon petit frère, ma grande sœur et moi, enfants. Mon frère est au milieu, dans un polo jaune canari encadré de deux grands sourires édentés.

J'ai aussi accroché çà et là quelques tableaux sans valeur qu'Hélène a hérités de son père, des paysages à la hollandaise, où le calme de la mise en scène contraste avec l'inquiétude de celui qui le regarde, seul face à ce vide.

Posées sur la bibliothèque, reposent des pochettes de vinyles qu'on n'écoute plus, faute de matériel adapté. Sally qui ne peut pas danser et qui semble donner à Lou Reed cette mélancolie qu'une paire de lunettes noires ne peut cacher ; les doigts collants des Stones avec la véritable braguette de Mick cousue dessus ; la ligne d'horizon de Nashville qui contient une de nos chansons préférées : « Girl from the North Country », chantée par Bob Dylan et Johnny Cash. Un voyage, encore.

Des boîtes avec des livres s'entassent un peu partout. J'ai installé un canapé, aujourd'hui strié de traces de feutre et moucheté de taches de chocolat fondu. Il y a aussi mon fauteuil en cuir marron – « la place de papa ».

J'ai rempli. J'ai rempli les murs et l'espace par peur du vide. J'ai rempli aussi par peur des autres. De leur jugement sur nous deux, sur moi.

J'ai eu peur qu'ils découvrent dans l'agencement de l'appartement mon impuissance, mon incapacité à gérer seul cette famille.

Ces décorations m'ont rassuré. Ceux qui viennent constatent qu'on est toujours vivants ; qu'on occupe les lieux. Il ne nous manque rien, ni personne.

J'ai rempli le cadre et j'ai poussé le reste hors champ. Je ne savais pas quoi en faire.

Le jour du déménagement, les affaires d'avant ont été entreposées dans des caves, chez mon frère, ma sœur, ou au deuxième sous-sol sous nos pieds, dans une petite pièce où il n'y a pas assez de place pour tout ranger – au bout d'un long couloir, la dernière porte à gauche.

Hors champ, ça voulait dire : loin de la vue, mais proche de nous. C'est là, on le sait même sans le voir. C'est là, on ne sait pas encore où le mettre. Et cela vit, au-delà de nous.

Une nuit, quelques semaines après notre installation, je n'ai pas pu m'en empêcher. Je suis descendu, j'ai ouvert le cadenas et l'ai laissé ouvert pour voir ce qu'il allait se passer, si quelqu'un y entrerait, en sortirait, si les choses se feraient sans que j'aie rien à décider.

Le lendemain, quand j'y suis retourné, le cadenas était à nouveau bouclé. J'ai collé mon oreille pour écouter si quelque chose bougeait à l'intérieur. Une souris a détalé entre mes pieds et s'est aplatie pour passer sous la porte.

J'ai sursauté et je me suis senti bête. Qu'espérais-je ? Quelque chose de magique ? Me réveiller d'un mauvais rêve et découvrir la cave vidée et les affaires bien en place quelque part ?

Je n'ai pas voulu ouvrir la porte. Je ne m'y sentais pas autorisé. J'ai eu la sensation intime que quelqu'un habitait là désormais. Ce lieu suffisamment proche pour ne pas être totalement étranger, suffisamment loin pour pouvoir oublier, appartient à Hélène.

Son souvenir a quitté l'appartement précédent pour investir ces boîtes. C'est à elle, nous pouvons la visiter. Le sacré est sous nos pieds.

Melvil et moi n'avons peur ni des caves ni des greniers. Ce qui effraie d'autres éveille notre curiosité. Nous partageons cette même obsession : fouiller, soulever la poussière, voir surgir une araignée et la laisser s'enfuir.

Les premiers mois, lorsque je descends au sous-sol, Melvil exige de m'accompagner. Nous y rangeons d'autres meubles, mais nous ne touchons pas à ses affaires. On entasse au-dessus de la pile. On ajoute des couches. On solde le temps qui passe. Les saisons. En été, on y met les affaires d'hiver devenues trop petites. En hiver, celles d'été. On y bazarde ce qui encombre.

Pour ses trois ans, je remplace le lit à barreaux de Melvil par un lit de grand. Il faut descendre l'ancien au sous-sol.

J'ouvre la porte de la cave, j'évalue la taille du meuble et ce qu'il me reste d'espace. Il n'y en a pas assez, on étouffe dans cette petite pièce.

J'aurais pu prendre ma journée, tout ouvrir et tout trier. J'aurais pu aussi jeter le lit à barreaux. J'aurais pu simplement le démonter.

Au lieu de ça, d'un coup, je prends les cartons de vêtements d'Hélène et les sors des quelques mètres carrés dans lesquels ils étaient entreposés, comme si un autre agissait à ma place. Moi je voudrais tout garder, comme ça, en l'état, même si je sais qu'il faut faire de la place. On ne peut pas être ramenés au début de notre histoire chaque fois qu'une page de notre livre va se tourner.

J'hésite un moment et décide finalement de conserver sa robe de mariage, une autre à fleurs qui lui donnait l'air d'une héroïne de Rohmer, et le blouson en cuir qu'elle portait ce soir-là.

Je jette sans me laisser le temps d'y réfléchir tout le reste avec la sensation de m'approprier quelque chose qui ne m'appartient plus. Les lettres, les photos, les vêtements, c'était le nouveau corps que la mort avait donné à Hélène. Un corps d'objets divers, de tissu et de papier, de plastique et de verre. Un corps éparpillé que je suis en train d'écarteler pour m'en débarrasser.

Je n'ai pas pleuré. J'aurais le temps plus tard de regretter. J'ai choisi malgré moi. J'ai choisi pour Melvil. J'ai choisi de laisser les couches de souvenirs se sédimenter.

C'est comme ça ; personne ne bazarde son histoire en une seule fois. On la jette petit à petit lorsque la place manque, en se laissant juste le temps de s'émouvoir une dernière fois.

L'histoire se transforme alors, cessant d'être cette ligne temporelle sur laquelle on peut situer les choses, les évènements et les objets. Elle devient ce tout paradoxal d'où n'émergent plus que les sentiments les plus prégnants. L'amour. Le manque. Des bribes. Des odeurs. Des moments.

Épuisé et soulagé, comme on contemple la netteté d'un évier vide une fois les piles de vaisselle nettoyées, je dépose délicatement le lit de bois à la place dégagée. Je remonte chez nous avec la sensation d'avoir fait un pas de plus, puis je mets tout à l'intérieur de grands sacs noirs que je pose dans l'appartement.

Je ne veux pas donner ses affaires ni qu'elles soient dispersées par les glaneurs. Je préfère les savoir disparaître, s'évanouir quelque part. Je ne veux pas qu'un autre s'approprie des morceaux d'elle.

En fin d'après-midi, je récupère Melvil à la crèche. Je le ramène dans l'appartement, il découvre sans rien dire les sacs en plastique. Je lui annonce que nous allons les descendre. J'en prends un. Il m'imite et prends le plus petit. Nous remplissons nos bras.

En bas, nous nous tenons bien droit. C'est bientôt l'heure de passage du camion de ramassage des ordures. Comme tous les enfants de son âge, Melvil est fasciné par ces grosses machines. Le bruit qu'elles font. Le ballet autour.

Deux hommes verts descendent des marchepieds à l'arrière de la benne. Ils nous regardent et lui sourient. Une complicité particulière s'installe entre eux. Je jette le premier sac, puis Melvil, joyeux, fier sans doute de faire comme moi, m'aide à tout porter.

J'ai la sensation qu'il sait, même s'il ne comprend pas. Ou peut-être n'est-ce pas le sujet. Il est content de faire comme moi. C'est le sens de ce lien, la paternité. Le laisser mettre ses pas dans les miens, dans ceux de son père.

Les deux hommes félicitent le petit bonhomme, en chaussons et pyjama sur le trottoir. Melvil lève la main pour leur faire un petit salut.

Le camion redémarre avec son cercueil de tissu.

C'est fini.

Ses affaires sont parties. Un jour, je sais, il me demandera pourquoi nous nous sommes débarrassés de tout. À ce moment, je regretterai sûrement cette décision mais je serai capable de lui en dire le sens : le libérer du poids de ces objets pour qu'il puisse chérir ce qu'il a connu et senti.

Nous pouvons désormais inventer une légende autour de leur départ, leur attribuer des anecdotes qui ne sont peut-être pas vraies, leur donner la beauté qu'il nous plaira.

Nous pourrons leur conférer à jamais la force du fantasme et vivre avec cette force-là.

Nous remontons dans notre voile de bateau. Melvil part regarder ses livres dans sa chambre. Je vais dans la cuisine préparer le dîner.

Il revient, affichant sa tête de n'importe quoi. Il court dans le couloir et se poste devant moi, légèrement penché vers l'avant, les mains jointes devant lui, les pieds cloués au sol et la tête relevée. Il a une bêtise à l'esprit et se dandine d'impatience.

Il me demande : « Comment tu t'appelles ? » Je me penche à mon tour vers lui pour lui montrer ma circonspection – « ? ». C'est tout ce qu'il attend. Je sens son excitation monter. Il a du mal à retenir la colonie de coccinelles dans sa bouche. Il trépigne, les coléoptères doivent commencer à lui chatouiller le palais.

C'est une nuée rouge à pois noirs qui s'envole vers moi lorsqu'il me lâche, dans un éclat de rire : « Tu t'appelles Gepetto ! »

Je ne comprends pas.

Il part en sautillant dans sa chambre – je dis en sautillant mais c'est peut-être en courant, ou à pas chassés, à cloche-pied, en dansant, car comme tous les enfants de son âge, Melvil a perdu l'usage de la marche, il ne se déplace plus que par arabesques.

Il revient avec un livre dans les mains. Avant de le quitter pour un stage de plusieurs mois, sa nounou « Alessandra numéro deux », comme il l'appelle (la première s'appelait également Alessandra), lui a offert l'histoire de son enfance italienne. *Les Aventures de Pinocchio*, le conte de Carlo Collodi qu'il me présente les bras bien tendus, le dos rectiligne et les pieds joints comme on le ferait d'un livre sacré.

Il affiche un sourire qui déborde largement de sa bouche.

Il me demande : « Et toi, tu m'appellerais comment ? »

Je ne comprends toujours pas. Il me prend la main et m'assoit dans mon fauteuil. Il se blottit d'un bond dans l'espace minuscule que je laisse toujours entre l'accoudoir et moi.

Il me fait signe de lire.

« Il était une fois un morceau de bois. Ce n'était pas du bois précieux mais une simple bûche, de celles qu'en hiver on jette dans les poêles et les cheminées. Un morceau de bois qui pleurait et riait comme un enfant. »

Il se met à se tortiller lorsque le morceau de bois dit au menuisier que son rabot le chatouille.

Son corps se raidit à mesure qu'on arrive à ce qu'il espère depuis un moment.

« Arrivé chez lui, Gepetto prit sans attendre ses outils et se mit à tailler le morceau de bois afin de confectionner sa marionnette. Quel nom lui donner ? se demanda-t-il. »

Je n'ai pas le temps de finir ma phrase qu'il explose de joie.

« Et toi, tu m'appellerais comment ? » Je ne comprends pas encore ce qu'il veut me dire, mais je sens que je ne dois pas me méprendre, pour ne pas lui gâcher son plaisir.

Je fais comme si je n'avais rien entendu. Tout en réfléchissant, je continue à lire. « Quel nom lui donner ? se demanda Gepetto. Je l'appellerai Pinocchio. »

Il se jette aussitôt sur moi. Il me tord le bras dans tous les sens comme ces clowns qui forment des animaux à partir de ballons de baudruche.

Au bout de quelques secondes seulement, j'ai un caniche nain au bout de mon épaule. Il saute sur ma jambe comme un cheval saute un obstacle, dans un temps suspendu. Il s'y installe, lève le visage vers moi emmitouflé dans mon bras.

C'est à cet instant que je remarque l'illustration qui accompagne le texte. Melvil est dans la même position que la petite marionnette de bois dans les bras de son créateur.

En riant, il me dit à nouveau : « Toi, tu t'appelles comment ? »

J'ai enfin compris. Papa a toujours un temps de retard.

Je lui réponds conformément à ses désirs que je m'appelle Gepetto.

Ses yeux sont comme le ciel de Paris un soir de 14 Juillet.

« Et toi, tu m'appellerais comment ? » Je tente un accent italien plus qu'approximatif en lui répondant que je l'appellerais Pinocchio.

Penser que cet enfant est de moi, que je suis son père. Avoir envie de le serrer dans mes bras. M'apercevoir qu'il s'est déjà échappé en s'esclaffant et en répétant entre deux bourrasques de rire : « Je t'appellerais Pinocchio ! »

Revoir l'accouchement. Corps étrange et étranger. Chose visqueuse et ensanglantée. Fils de l'amour et de la beauté.

Il ne pleure pas assez fort, rien de grave, mais on l'emmène dans la pièce à côté. Les sages-femmes m'invitent à l'accompagner. Hélène me fait signe d'y aller.

On l'installe sur une petite table au-dessous d'une lampe chauffante. On le fait monter un escalier imaginaire, on lui plie les jambes, on me sort une dénomination latine pour m'expliquer qu'il est normal que du goudron sorte des fesses de mon fils, on lui touche les testicules et sa réaction est immédiate, on me dit que, « au moins, on est sûr que ça fonctionne ».

Il est tourné et retourné dans tous les sens. Les sages-femmes le manipulent comme un boucher une viande à pot-au-feu. Avec dextérité et amour du produit. Leurs tabliers sont tachés de sang. Mon petit rôti est bien ficelé.

Puis c'est le silence. Tout le monde s'est enfui d'un coup après qu'un médecin m'a dit que tout allait bien. Ils m'ont laissé là avec ce petit bout de chair aux grands yeux noirs.

Il est allongé devant moi et je ne sais pas si j'ai le droit de le toucher, les sages-femmes ne m'ont rien dit, je ne sais pas quoi lui dire, je ne sais pas quoi penser, il est là comme s'il l'avait toujours été mais que je ne l'avais jamais remarqué. Il est là.

Il est là encore. Juste à côté de moi, revenu pour me demander de lire la suite de l'histoire.

Je reprends. « Ayant trouvé le nom de sa marionnette, il se mit à travailler sérieusement. Il commença par sculpter la chevelure, puis le front et les yeux. Les yeux terminés, imaginez son étonnement quand il s'aperçut qu'ils bougeaient et le regardaient. »

Le sentir se détendre.

Mon petit bout de bois avec ses yeux ronds sculptés se laisse aller. Il s'endort dans sa boîte en plastique avec sa lumière orangée.

« Gepetto continua à travailler. Quand il eut fini, il empoigna la marionnette sous le bras et la posa sur le sol, mais Pinocchio avait les jambes raides et ne savait pas encore s'en servir. Gepetto le prit alors par la main et lui apprit à mettre un pied devant l'autre. »

Quelques lignes comme notre vie. Faire ses premiers pas, avoir les jambes raides, tomber, se relever et apprendre à mettre un pied devant l'autre.

3.

Mai 2017

Nous avons notre routine. Elle délimite notre espace, donne le rythme et définit le rôle de chacun. Elle est cet endroit dans lequel on se sent bien, en sécurité, lovés. C'est confortable une habitude ; aucune attente, donc aucune déception.

Depuis le jour d'après, je m'accroche à ça. C'est la seule chose sur laquelle je peux avoir prise ; une bouée de sauvetage. Organiser le quotidien, que tout soit bien réglé, fait en temps et en heure, que chaque chose soit à sa place. Surtout, ne pas laisser advenir l'imprévu.

Avec les habitudes, je fais ce dont je ne me croyais pas capable ; je tiens notre maison.

Au début, c'est une réponse à l'angoisse. Structurer. Dépasser le vertige. Ériger des cadres comme des murs. Faire « bien » pour réussir à faire.

Avec le temps, j'apprends à en apprécier les moindres variations. C'est un plaisir sans risque, une littérature sans auteur, un vin sans ivresse. Nos journées avancent tâche après tâche, dont on constate, une fois terminées, la perfection de leur agencement.

Je détermine des plages horaires pour chaque instant. Certains sont immuables – le lever, le coucher, les repas, la crèche. D'autres peuvent évoluer en fonction des objectifs que j'ai moi-même fixés et de la cohérence globale de notre rythme de vie, que j'envisage sur une semaine entière – activité physique, graphisme, jeu et détente.

Même les espaces de liberté sont encadrés.

J'investis tous les champs de la paternité par peur du vide. J'organise des sorties, j'achète ses vêtements en avance, je fais les inscriptions en temps et en heure, je fais le ménage quotidiennement.

Par la force des choses, je deviens expert ès ménage, et plus particulièrement encore expert ès lessive. Je découvre toutes les jours les nuances et subtilités de cet art ménager.

Je savais déjà qu'il fallait séparer le blanc de la couleur, mettre le produit dans le bac prévu à cet effet et non directement dans la machine, mais ma science s'arrêtait là. Ma seule ambition était que le linge soit propre.

Cette inconsistance coupable a inévitablement mené au drame. Un jour, un bavoir qui hésitait encore entre le rouge carmin et l'orange sanguin a choisi de déteindre sur une machine de blanc.

L'ensemble des t-shirts de Melvil, son petit pull en laine boutonné au cou, sa serviette de bain, tout a pris une teinte saumon fumé. Celle qu'on voit s'entasser dans les rayons des supermarchés au moment de Noël, entre le rose et l'orangé, zébrés de rayures blanches. La couleur de l'échec.

C'était seulement du linge qui avait déteint, pourtant c'est mon équilibre tout entier qui s'est délavé. En découvrant ces vêtements, j'ai été pris d'une détresse dont j'ai cru ne pouvoir me relever.

Il était la preuve de mon impuissance, de mon incompétence à être père. Tout sera toujours trop lourd à porter, trop dur à faire. Aucune victoire ne sera jamais acquise et les défaites seront cinglantes, cuisantes, intérieures.

Il fallait affronter seul cette angoisse. L'unique moyen dont je disposais était de le faire avec détermination et méthode. Alors j'ai tout repris depuis le départ, établi une stratégie claire, et engagé toutes mes forces dans sa réalisation.

Je me suis d'abord plongé dans les méandres des forums, pour y trouver quelles marques de lessive convenaient pour les enfants en bas âge. Je me suis arrêté sur une qui proposait des capsules aux propriétés magiques, puisqu'elle me promettait un voyage des sens dans ce qui ressemblait à des montagnes suisses.

J'y ai adjoint un détachant antiseptique, qui éliminait 99,9 % des bactéries, ne précisant pas quelles étaient ces 0,1 % réfractaires, qu'aucun produit ménager ne semble pouvoir éliminer.

J'ai pensé : ce 0,1 % de bactéries résistantes raconte avec une acuité scientifique ce qu'est pour moi la paternité. Il reste toujours quelque chose à faire, on ne peut jamais rien ranger dans des cases. Chaque fois, il faut recommencer. Et même après ça, il reste toujours au moins 0,1 % des problèmes qui ne sont pas résolus.

Ensuite, je me suis plongé dans le mode d'emploi de ma machine à laver. J'y ai appris beaucoup de choses, ces engins sont bien plus perfectionnés qu'on ne le pense. Pour la laine, lavage à la main à l'eau froide – faire attention à étendre le linge à plat, sinon au risque de le déformer. Coton 40 °C est le programme à privilégier pour le tout-venant. On peut monter jusqu'à 60 °C pour le blanc et les draps. Le doudou, les tissus fragiles et les manteaux sur « délicat ».

Le sèche-linge rend les vêtements rêches et les use prématurément. Mieux vaut donc les étendre.

Ça non plus n'est pas aussi simple qu'on le croit. Il convient de le laisser suffisamment longtemps pour qu'il soit bien sec et donc sans mauvaises odeurs, mais de le ranger suffisamment vite pour que la poussière n'ait pas le temps de se déposer dessus.

J'ai continué d'améliorer ma technique en travaillant sur les rotations de vêtements. Lorsque la quantité d'habits nécessaires pour lancer une lessive de blanc est presque atteinte, je déguise mon fils en ange tombé du ciel, slip blanc, t-shirt blanc, chaussettes blanches. Si ça ne suffit pas, une serviette de bain n'est jamais assez propre.

J'ai fini par aimer ça : de belles lessives bien étendues. L'étendoir à linge est toujours ouvert et plein. C'est une source infinie de satisfactions.

Je me laisse griser par ces petites victoires. Je travaille, je m'occupe de Melvil et je tiens notre maison.

Je ne veux penser à rien d'autre, faire rien d'autre. Je veux être cet homme, me définir ainsi. Je veux qu'on me définisse de cette façon, trouver ma place par mon utilité.

Alors j'ajoute des habitudes à nos habitudes. C'est la lessive, les courses, le dîner, les vitres à faire et la chambre à ranger. Toutes forment un mur de protection contre cette vie. Cette vie qui ne cesse de mettre des bâtons dans mes roues et qui me regarde tomber avec son sourire narquois.

Cette vie qui a décidé pour moi et qui me laisse me débrouiller avec.

C'est ce que je fais ; je me débrouille. J'érige une vie carrée, sans aspérité et sans surprise. L'existence doit perdre sa présence, son immédiateté, sa spontanéité. Elle sera factice, montée de toutes pièces avec ce que j'ai lu dans les livres de Laurence Pernoud et ce que j'ai vu chez ma sœur.

Quelque chose de tendre et d'organisé. Une maison témoin qu'on visite et qu'on trouve à son goût, rassurante, rationnelle, bien rangée. On la veut déjà prête sans se soucier de sa conception ni de sa construction. Une vie clefs en main.

Je dois être deux à la fois. Père et mère. Puisque c'est impossible, je dois être un père parfait, idéal, irréprochable.

Je le vis comme une bataille. Contre moi-même et contre le reste, grand adversaire. Je suis en guerre. Je cogne, je boxe, j'éreinte. Chaque jour, un nouveau colosse se dresse devant moi pour un nouveau combat à armes inégales – lui ne ressent pas la force des coups, la douleur des blessures, la fatigue.

Je me bats et les moments de paix m'inquiètent : ils me distraient, m'empêchent de voir l'ennemi qui s'avance. Les instants de bonheur sont un prélude au chaos.

Avoir la guerre en héritage. La transmettre à mon tour à mon fils. Lui qui est né une deuxième fois d'une rafale de mitraillette.

En guerre contre tous ceux qui pensent à sa place. En guerre contre les évènements. En guerre contre la fatalité. En guerre contre la vie. En guerre. En guerre pour lui. En guerre contre lui aussi.

L'impression parfois d'un mur qui s'élève entre nous. Il est de l'autre côté. Je le vois tourner en rond. Il ne m'entend pas. Il est en lui. Je suis de l'autre côté. Ce n'est pas qu'il ne m'écoute pas, plutôt que je ne lui parle pas. Il est là, ailleurs, dans son bocal, et je l'observe depuis le mien.

J'ai besoin de me rassurer, de m'accorder des victoires, aussi vaines soient-elles, alors du matin au soir, je coche des cases, ainsi qu'on raye un à un les produits achetés sur une liste de course.

Lever à l'heure. Bisous. S'habiller. Petit déjeuner. Dents. Aller à la crèche. Retour de la crèche. Bain. Dîner. Dents. Câlins. Coucher à l'heure. Dernier pipi. Recoucher.

Pour plus de cadre, j'érige aussi un système de notation. Invariablement, mes journées commencent à dix points. Quand je n'accomplis pas une tâche assignée, je perds un point.

Quand je la réalise, mais mal, je perds un demi-point. Quand les choses sont faites mais que le résultat escompté n'est pas atteint, je perds un quart de point.

Le matin, si je lui prépare ses tartines et qu'il les mange assis à la table, alors je conserve mes dix points. Si je n'ai pas le temps de préparer son petit déjeuner, qu'on doit partir en catastrophe et que j'oublie ses biscuits sur la table de la cuisine, je commence ma journée à neuf.

Si la veille, j'ai oublié d'acheter le pain et qu'il ne reste que des biscuits chocolatés à faire s'étrangler le premier nutritionniste venu, je perds un demi-point.

Si j'ai préparé des tartines mais que, ce matin-là, il est de mauvaise humeur ou qu'il n'a pas faim et que nous partons sur le chemin de la crèche, lui avec son sourire inversé et moi avec mes tartines dans les mains, je perds un quart de point.

Je ne cherche pas à comprendre ce que je fais. Je veux juste une bonne note. Être un père cinq étoiles. Qu'on laisse à mon endroit un commentaire dithyrambique : « Merveilleux ! Le meilleur père de Paris ! » « Il est rare de trouver un père qui propose une éducation aussi parfaite. C'est le cas d'Antoine ! » « Tout est délicieux, du réveil au couché en passant par le bain généreusement moussant. Les soins sont magiquement assortis, avec juste ce qu'il faut de créativité. »

Arriver à l'heure à la crèche : conserver tous mes points. Arriver en retard : en perdre un. Arriver au dernier moment, lui sur mes épaules pour aller plus vite : moins un demi-point. Arriver en retard car il a traîné des pieds : moins un quart de point.

Cette première note donne le ton de ma journée. Je sais dès cet instant si je vais avoir des points à rattraper, si je peux m'accorder des moments de faiblesse, si je dois ne rien me laisser passer. Je suis au premier rang lorsque mes devoirs sont bien faits ; je me cache au fond de la classe quand je préfère chahuter.

J'adapte ce système de notation à tout ce que nous faisons. Le bain selon qu'on le prend à l'heure, qu'il se lave lui-même, la quantité d'eau toujours dans la baignoire et celle sur ma chemise. Le dîner, mangé ou pas, un peu ou beaucoup, avec ou sans légumes, etc. Tout, même au-delà.

Et parfois, je négocie avec l'autorité. Je récolte des points que je garde précieusement comme les premières pièces d'argent de poche. Si nous sommes allés à la piscine le dimanche, s'il a mis son manteau seul, s'il a fait un beau dessin, s'il a appris un mot nouveau, si je l'ai fait travailler comme la maîtresse nous l'a demandé, alors je m'accorde un bon point.

Un point en plus pour quand je n'en aurai plus. Un jeton à remettre dans la machine un jour où j'aurai tout perdu.

Antoine obéit au bon père des livres sur l'éducation des enfants dans sa maison témoin. Parfois même, il en récolte des appréciations, le plus aléatoire et le plus difficile à encaisser.

L'appréciation juge la manière de faire, l'envie, l'attitude. Comme pour les carnets d'écoliers. Elle sanctionne l'éthique, l'intentionnalité.

Ai-je été suffisamment généreux au parc avec Melvil ? Me suis-je ennuyé en le poussant sur la balançoire ? Ai-je lu l'histoire avec suffisamment de cœur ou bien l'ai-je bâclée pour aller prendre un verre de vin ?

L'appréciation se formule le soir, quand je me retrouve seul, au moment où le poids de la responsabilité me plie dans mon canapé. Je voudrais me laisser tranquille, me laisser vivre.

Au lieu de ça, je fais les comptes et j'écoute.

J'accepte d'être un père à cinq sur dix. J'entends qu'il faut travailler plus. Je peux me promettre de faire encore plus d'efforts.

Mais quand l'appréciation monte des tréfonds, quand elle dit : « Antoine n'en fait pas assez, il doit se reprendre », « Antoine semble s'occuper de tout autre chose que ce qui se passe en classe », « Antoine a du potentiel mais ne fait rien pour l'exploiter », « Antoine aime regarder la pluie tomber par la fenêtre beaucoup plus que les cours de mathématiques », « Par son dilettantisme Antoine perturbe le bon développement de son fils », c'est une forme terrifiante qui se poste devant moi, me noyant dans son ombre.

C'est cet inconnu qui me gronde dans la rue car je n'ai pas l'âge de fumer. C'est cette enseignante qui me dit que je gâche ce que j'ai. C'est ma grand-mère qui me prend en train de voler dans son porte-monnaie. Cet ami qui me demande pourquoi je l'ai trahi. Cet amour qui me demande pourquoi je ne sais pas aimer.

C'est toutes les hontes et toutes les peurs. Quand la vie renvoie à soi-même. Quand on ne peut plus détourner le regard. Quand il n'y a plus de reflet dans le miroir.

Nous allons au parc tous les matins du week-end avec Melvil. En face de nous, chaque jour, il y a cette dame. Elle a la quarantaine passée, le visage large et deux petits yeux ronds et noirs. Avec ses taches de rousseur qui partent de la base de son nez et se terminent en constellation sous ses yeux, elle a un peu d'enfance sur le visage, qui se prolonge dans de longues boucles brunes et cadencées.

Sa peau est blanche et son élégance marquée. Elle porte des pantalons généralement sombres, des chemises blanches parfois rayées de bleu et des escarpins, dont elle essuie le vernis avec un mouchoir en papier lorsqu'elle s'assoit.

Elle reste une bonne partie de la matinée, sur le banc de l'autre côté de l'aire de jeux. Elle lit religieusement son magazine, de la première à la dernière page. Elle n'a pas d'enfant, ni sur le toboggan, ni sur le pont de corde, ni sur le mur d'escalade.

Je lui ai inventé plusieurs vies jusqu'à m'accorder sur une seule. Je l'imagine avocate ou radiologue, une profession libérale. Elle vient chaque jour au parc pour vivre en spectatrice ce que l'enfance a de plus beau. Le jeu, des pays imaginaires rassemblés sur quelques mètres carrés, des courses folles qui ne se terminent jamais, des larmes chaudes que les parents boivent comme un élixir magique.

Puis, au moment où mon horizon se remplit de saucisse-purée à préparer, de machine à lancer, de coloriage à organiser, elle s'en va avec la satisfaction d'avoir d'autres paysages à contempler.

Certains soirs, j'aurais voulu disparaître comme elle. Partir. Tout abandonner là. Laisser la vie se charger de lui, laisser des parents bons et compétents nous reprendre en main.

Plusieurs fois j'ai préparé ce message pour ma sœur. S'il m'arrive quelque chose occupe-toi de lui comme si c'était ton fils, comme si je n'avais jamais existé.

Je ne l'ai pas envoyé. Je n'en ai pas eu besoin. Il y a eu cette semaine où c'est lui que j'ai cru perdre.

Ce lundi-là, lorsque je le récupère à la sortie de la crèche, on m'annonce qu'il ne va pas bien. On me raconte qu'il est resté dans son coin toute la journée et semble avoir besoin de repos.

J'ai beaucoup de choses à faire et le lendemain, au réveil, je juge que sa température n'est pas trop élevée et que je peux le déposer aux puéricultrices. À la fin de la journée, on me répète le diagnostic, en insistant davantage. Il y a dans le ton de leur voix le début d'un reproche : « Melvil n'est vraiment pas bien. »

Comme si je ne voulais pas entendre, j'ai attendu le jeudi pour le garder à la maison. Trois jours au cours desquels j'ai fait comme si tout allait bien.

J'ai attendu de ne plus avoir le choix et que ça devienne un ordre des dames de la crèche.

Obéir, toujours.

« Melvil doit rester à la maison et se reposer. Vous devez aussi l'emmener chez le docteur pour consulter. »

Je ravale ma salive et j'obtempère. Je traîne la poussette en sens inverse. Il est assis au fond, silencieux.

Je me sens coupable. J'ai compté sur ces femmes au lieu de compter sur moi-même et maintenant mon fils est malade.

En rentrant à la maison, ses symptômes me sautent aux yeux. Il n'avale pas un morceau. Il se met à pleurer quand j'essaie de le coucher. Il boude sur le canapé lorsque je lui propose de jouer. Il me fait payer mon inconséquence, désormais que je la sais.

Le docteur n'a pas besoin de plus d'une minute pour poser le diagnostic évident : bronchiolite, otite et poussée dentaire. Les jours suivants, sa température augmente encore.

Un enfant en bas âge pris par la fièvre, c'est un corps qui renoue avec son animalité. Un être qui lutte contre lui-même.

C'est un combat intérieur, quelque chose le dépasse et le déborde ; il n'est plus vraiment là.

Le samedi, il est à bout de forces. La journée est coupée en demi-heures. La première sert à pleurer. Rien ne trouve grâce à ses yeux. Il ne veut ni boire, ni manger, ni jouer.

Il n'aime plus la musique ni les histoires, ne veut pas se promener. La demi-heure suivante sert à dormir. Il tombe de fatigue mais son bouillonnement intérieur ne lui laisse que ces quelques minutes pour récupérer.

Il n'a pas fait de nuit depuis deux jours. Nous n'avons pas fait de nuit depuis deux jours. Le soir, je finis par le prendre dans le grand lit et me caler sur son rythme. Nous faisons des siestes courtes et, le reste du temps, nous pleurons.

Je m'assoupis un moment, plus longtemps. Je me réveille en sursaut quelques heures plus tard. J'ai entendu un coup. J'ouvre enfin les yeux. Il n'est plus dans le lit. Un cri retenti, de ceux qui vous poignardent l'estomac.

Pendant une seconde, la lame qui pénètre provoque une sensation agréable à laquelle je m'abandonne, le métal froid dans la chair brûlante, l'inconnu qui transperce, l'infini qui traverse.

La seconde qui suit me fait soudainement prendre conscience de la mort qui arrive.

C'est maintenant. Il est tombé du lit. Je vais mourir. Je me lève en sursaut. Le prends dans mes bras. L'embrasse. Le serre. Le déshabille pour vérifier que tout est bien en place.

Je plie ses articulations une à une pour m'assurer qu'aucune n'est cassée. Je l'ausculte, le triture, guette ses réactions, épie sa douleur, la traque.

Je monte une muraille d'oreillers pour le protéger. Il se colle contre moi. Il a le visage ruisselant. C'est la fièvre et les larmes. À son âge, il pleure encore avec la tête, son visage se crispe, rougit et explose en un son aigu qui résonne par le nez. Plus tard, il pleurera avec le ventre. Le temps des vrais chagrins, qu'on partage et qu'on console.

Je le regarde s'endormir doucement.

Le lendemain, au réveil, nous sommes aussi surpris l'un que l'autre d'avoir dormi aussi longtemps. Comme si, de sa chute d'hier, sa fièvre ne s'était pas relevée.

Il se lève, mais garde son bras collé contre le corps. Je me dis qu'il a peut-être juste un peu mal. J'essaie de le lui faire bouger. Il me grogne dessus. Cette fois-ci, je panique et l'emmène tout de suite aux urgences.

Le médecin a cet air complice des amis qu'on a oubliés et qui vous ont reconnu. « Que s'est-il passé ? » il me demande. Je suis surpris par sa question. Je ne m'y attendais pas et ne sais quoi répondre. J'aurais dû lui dire : je suis un mauvais père et j'ai laissé tomber mon fils du lit. Impossible d'avouer, alors je mens. Je raconte qu'on jouait ensemble et qu'il a fait une chute.

Il nous prescrit des radios et une infirmière nous accompagne dans la salle. Elle porte des lunettes rectangulaires et affiche un sourire sincère et sans retenue. Elle l'interroge pour savoir comment il s'est fait mal. Il grogne à nouveau.

Dans cette salle qui ressemble au poste de contrôle d'une centrale nucléaire au temps de l'Union soviétique, elle lui ordonne de se tenir bien droit. Je me retrouve à l'imiter, l'air concentré, parfaitement immobile et silencieux. Nous sommes deux criminels à qui on va tirer le portrait.

Je plaide coupable. Coupable de ne pas faire, de mal faire. Je suis un père en sursis. Condamné à être ce que je ne suis pas. J'ai envie de fuir, qu'on ne nous rattrape pas, qu'on nous laisse vivre notre vie comme ça. Comme deux évadés de la banalité.

On nous a attrapés, on nous a photographiés, on nous a enregistrés, on nous a classifiés puis notre garde-chiourme nous a relâchés.

Après quelques instants, le médecin revient la radio à la main et m'annonce : « Il s'est fait un peu mal à l'épaule, mais il n'y a rien de cassé. »

Je crois n'avoir jamais été aussi soulagé. Je regarde à travers son corps dans l'image en noir et blanc, me tourne vers lui et lui dis, comme Hélène me l'avait dit quelques années plus tôt : « Même en squelette, tu es très beau. »

On sort de l'hôpital dans un vacarme de bus et de voitures. La lumière blanche de ce début de mois d'avril s'allonge sur le trottoir, on fait attention en marchant de ne pas la déranger.

Il fait beau. Nous décidons de passer prendre un éclair au chocolat et d'aller se promener. Il me prend par la main.

Poser les armes. Accepter une vie qu'on n'a pas choisie. Reconnaître sa défaite pour ne pas s'abandonner dans la fuite. Enlever les chaussures et faire un câlin des pieds. Rire sans retenue. La petite bestiole s'agite sous l'effet des chatouilles.

Aimer ses éclats de voix. Connaître par cœur le rythme de ses hoquets. Être un enfant. Ne pas pouvoir dire qui on était. Ne pas savoir qui on est. Comprendre que ça n'a pas d'importance. Embrasser son dos. Renifler son odeur. Manger sa peau. Être un père.

4.

Décembre 2017

J'ai décidé que c'était le moment. Ce samedi midi, je lui prépare un plat de raviolis sauce bolognaise et lui pose sa fourchette et sa cuillère à côté de son assiette. Je ne dis rien, comme si mes paroles risquaient de faire échouer le moment.

D'abord, il se lance. Il en mange trois bouchées tandis que je lui fais face. Mais tout à coup, il s'arrête et me désigne du doigt pour me faire comprendre que c'est à moi désormais, à moi de le faire manger.

Je lui dis : «Je ne le ferai plus.» Et comme il ne réagit pas, je menace : «Si tu ne manges pas seul, tu iras faire ta sieste sans déjeuner» – le genre de menaces que les parents ne mettent jamais à exécution.

Melvil prend sa cuillère tout en me fixant d'un regard déterminé. Sans me quitter une seconde des yeux, il la plonge dans son plat, en tire un ravioli et sa sauce rouge dégoulinante. Puis il le laisse tomber avec un air satisfait sur le parquet du salon. Le bruit suivant est celui que fait une défaite lorsqu'elle est cinglante.

J'en ai le souffle coupé. Je le regarde interloqué.

J'ai toujours, au moment de la punition, un instant d'arrêt. Un instant au cours duquel je juge ce que doit être une réponse appropriée. Ça dure une seconde, jamais plus.

Il m'a regardé en le faisant : cela prouve l'intentionnalité. Le temps qu'a pris le ravioli pour passer de l'assiette au parquet démontre la préméditation. Son petit air satisfait constitue une circonstance aggravante.

La sanction sera un rappel à l'ordre musclé. Je hausse la voix. Je lui dis que, s'il recommence, je mettrai ma menace à exécution. Je lui rappelle qu'il me connaît et que je le ferai.

Il recommence.

Il me faut beaucoup moins d'une seconde cette fois. Je claque son bol rempli sur la table. Je repeins par la même occasion le plafond d'un rouge de colère froide et sanguine. Je l'attrape et le mets dans son lit.

Quand je ferme la porte, dépassé par ma rage, je suis encore tremblant. Lui n'a pas osé prononcer un mot. Je me retrouve seul dans le salon à devoir assumer ma punition.

Pris de panique, j'envoie des messages à tout ce que je connais de mère ou de future mère pour raconter ce que j'ai fait.

Ma sœur me répond enfin. Je lui expose les faits en travestissant suffisamment la réalité pour que la sanction paraisse justifiée. Elle me confirme que j'ai bien fait, même si elle n'aurait jamais osé.

Melvil a payé pour nous deux. Je tente de me calmer en marchant vite dans tout l'appartement. Une heure plus tard, ne tenant plus, j'ouvre la porte de sa chambre. Mon fils dort à poings fermés.

Je me penche sur son lit, lui enlève son bavoir taché et l'embrasse avec la tendresse et l'emportement des retrouvailles.

Lorsqu'il se réveille, la tempête n'est pas complètement passée. Nous jouons ensemble tout l'après-midi. Je ne suis pas entier face à lui, j'agis maladroitement, coupable, un peu gauche.

Sa nounou arrive à la nuit tombée. Je l'embrasse comme on le fait avant de s'en aller pour un long voyage. Puis je pars avec mes bagages pleins et me promets de revenir en un seul morceau.

J'ai tout fait pour ne pas qu'ils sachent que je serais là. À chaque fois qu'on m'a transmis l'invitation de l'équipe, je répondais : « Plus tard. » Je pensais : « Jamais. »

Il a fallu que je me trouve une mauvaise raison pour accepter. Alors j'ai écrit. Écrire me fournit tout un tas de mauvaises raisons pour faire tout un tas de choses.

J'ai rédigé un début de texte comme je l'ai fait des dizaines de fois depuis bientôt vingt ans. Un début qui devait ne jamais avoir de fin, une majuscule sans point, une œuvre qui serait de toute façon bientôt détruite.

C'était l'histoire d'un homme qui avait raconté sa vie dans un livre. Deux récits s'enchâssaient : celui de l'écriture de l'ouvrage, puis celui, véritable, des évènements qu'il racontait.

À la publication du texte, on proposait à l'auteur une somme d'argent contre les droits d'adaptation théâtrale de son œuvre. C'était le troisième récit enchâssé, le seul qui comptait vraiment ; la vérité ne se dévoile jamais qu'à la fin. C'est d'ailleurs peut-être pour ça, la crainte de découvrir cette vérité, que je n'ai jamais fini aucun de mes textes précédents.

Mon personnage acceptait. Sans se questionner, il laissait les choses se faire. Il avait vu sur scène sa vie se jouer, plus belle qu'elle ne l'était, plus grande aussi, immense en fait. Il avait vu les mots travestir sa vérité. Il avait vu le comédien les dire d'une voix qui n'était pas la sienne. Il avait vu les spectateurs venir au spectacle de sa vie. Il se voyait devenir épicier, gestionnaire de son petit magasin d'émotions et d'anecdotes, collant un prix sur chacun des évènements de sa vie.

À la fin de la représentation, il sentait quelque chose d'aigre naître dans son œsophage. Quelque chose d'incontrôlable. Pourtant, quand on lui demandait s'il avait apprécié, il acquiesçait.

J'imaginais cet homme-là dire oui simplement pour se sortir de ce genre de situation. Cet homme-là dit oui pour ne pas avoir à en dire davantage.

Mais ce je-ne-sais-quoi continuait de pousser en lui. Et il finissait par concevoir une colère envers celui qui l'interprétait, celui qui, pensait-il, lui avait volé sa vie.

Mon début s'arrêtait là. En note, j'imaginais la suite : il le suivait à la fin d'une représentation, puis recommençait chaque jour, totalement obsédé par ce comédien, à qui il voulait reprendre son bien.

La colère grandissait en même temps que les nuits passaient. Jusqu'à ce qu'un jour, quelque temps plus tard, il apprenne dans la presse que cet homme préparait un nouveau rôle : celui de Roberto Zucco, dans une nouvelle mise en scène de la pièce homonyme de Koltès. Une nouvelle vie à prendre. Une peau à enfiler.

Mon personnage vivait cela comme un affront. Celui qui lui avait tout pris s'apprêtait à tout lui rendre, mais usé ; une histoire déjà racontée, une vie de seconde main.

À la fin de la dernière représentation de sa pièce, mon personnage décidait d'assassiner le comédien. Il voulait que les deux meurent en même temps sur scène.

Dans l'épilogue, comme dans une courte nouvelle très noire, il écrirait le récit de ces évènements depuis la cellule de sa prison et le livre serait immanquablement un succès.

Évidemment, il existait des similitudes. Pourtant, je n'en ressentais aucune entre cette histoire et la mienne. J'étais complètement aveuglé par cette fiction qui sortait de mes mains et de ma tête.

J'imaginais qu'elle ne m'appartenait pas, incapable que j'étais de percevoir que la proximité de ces deux personnages – le comédien et l'écrivain – racontaient leur caractère interchangeable.

Je ne voyais pas qu'ils ne formaient qu'un seul homme, dédoublé pour ne me laisser aucune chance dans ce combat contre moi-même. J'étais pourtant leur instrument autant que leur victime. Et ma fiction, leur terrain d'action.

Il fallait donc que je reste aussi innocent qu'ignorant. J'étais Antoine, un écrivain à la recherche de matière pour construire un récit un minimum authentique.

Pour cela, pour imaginer ce que pourrait ressentir mon personnage, il fallait donc que j'assiste à la représentation.

Je me figure de rester professionnel : j'ai le masque de l'auteur qui se documente sur le sujet qui l'inspire. Pas le vrai, celui de l'auteur de *Vous n'aurez pas ma haine* dont on adapte le texte.

Je monte dans le métro pour le théâtre du Rond-Point. Celui-là même où se joue ma défaite. Ma vie.

Je suis debout appuyé contre la porte. Deux stations passent quand je remarque cette jeune femme qui se cache derrière sa chevelure noire, assise côté couloir d'un espace prévu pour quatre.

La rame du métro n'est qu'à moitié pleine, pourtant elle a choisi de s'asseoir là.

Je ne sais quel instinct animal, depuis longtemps perdu, nous permet de sentir lorsque quelqu'un remarque votre présence alors même qu'il ne le manifeste pas. Comme une chimie invisible qui vous relie à lui.

Ou bien je ne sais quelle folie fait qu'on se sent parfois épié par des inconnus qui ne nous ont même pas vus.

Cette femme n'effectue aucun mouvement. Son corps ne trahit rien de ses intentions; il est fixe, seule danse sur son visage cette lumière bleue qui lui donne l'air absente.

Elle fait glisser son doigt sur son téléphone et les ombres changent sur son visage.

Je me penche légèrement pour apercevoir ce qu'affiche son écran, ce qui l'absorbe tellement qu'elle semble ne plus être là.

Elle fait défiler des photos. Passe sur des visages qui affichent tous un même sourire de circonstance, une moue boudeuse, ou un air faussement surpris.

J'admire un moment la constance de ces greffiers de notre siècle, qui consignent chaque moment de leur existence comme on enregistre les minutes d'un procès. Puis le défilement s'arrête lentement, comme une roue de la chance qui hésiterait entre la fortune et la banqueroute.

Une image se fixe : c'est une photo de moi. En réalité, je n'en sais rien. Peut-être est-ce ma panique, mon angoisse qui me projettent là, sur cet écran.

Je me raidis contre la porte du wagon. Immobile. J'attends que la rame s'arrête en gare. La jeune femme passe devant moi sans se retourner, se dirige vers les battants vitrés qui se déploient devant elle dans un fracas de carnaval.

Dans *Le Voyageur du tramway*, de Kafka, un des rares textes publiés de son vivant, la jeune fille qui le sauve de son fragment d'angoisse pénètre dans la rame.

C'est parce qu'elle entre, qu'il l'observe, qu'il décrit jusqu'à la position de son oreille qu'il parvient à dépasser sa propre étrangeté sur la plate-forme.

Elle sort et la mienne me reprend. L'alarme d'ouverture retentit, suivie de cette voix sans âme annonçant la station « Champs-Élysées-Clemenceau » et du souffle pneumatique de ce système d'ouverture fatigué.

Je la suis du regard, incapable de distinguer ce qui est vrai de ce qui ne l'est pas. Tout à coup, je doute. M'a-t-elle cherché dans son téléphone ? Ai-je rêvé ? Cette jeune femme existe-t-elle vraiment ?

J'essaie de chercher mais il m'est impossible de dire comment elle était habillée, s'il elle était grande ou petite, fine ou enrobée. Mon étrangeté me frappe au visage.

Elle se dirige vers l'escalier au bout du quai sans se retourner. Peur de devenir fou. Les battants claquent sur le visage rouge d'un homme épais. Il engloutit aussi vite qu'il le peut une cannette de bière. Une de ces grandes cannettes faites pour saouler.

Il en a deux autres dans un sac plastique qui pend sous ses genoux. Quand il rentrera chez lui, il pourra en ouvrir une et se dire à lui-même que c'est la première.

Réflexe d'alcoolique. Tout ce qui est bu sans être vu n'est pas bu.

Tout cela est-il bien réel ? Ai-je vécu cet instant ? Ne suis-je pas en train de recréer de toutes pièces un environnement, des personnages et une intrigue ?

Je me souviens que la rame roulait lentement, qu'elle a ralenti encore.

Station Franklin D. Roosevelt. Je me dirige vers la porte, l'homme bascule en avant. Il a l'air d'un marin qui reviendrait d'une longue traversée.

Je le regarde sans le voir. Il me fixe, comme la jeune femme, comme bientôt tous les autres occupants de la rame, comme ces personnes qui m'attendent sur le quai.

Le vertige monte d'un coup. Tous me rappellent, chacun à leur manière et ensemble d'une seule et même voix, que j'ai menti et trahi.

Je peux faire comme si ce personnage avait été enfermé un jour dans un livre et qu'il n'en ressortirait pas. Mais il est là, dans ce wagon, à la vue de tous.

Et tous l'ont reconnu. Je l'ai reconnu moi aussi. Ce père de mots et de papier enfermé dans les 40 000 signes qui le caractérisent.

Tant que le regard de l'autre ne se pose pas sur moi je m'appartiens, entier, en chair, opaque. Mais lorsqu'on m'envisage, c'est lui qu'on voit.

Je suis comme une prison de verre. Mon prisonnier m'enferme dans une impudeur que je méprise. Ma blessure, notre blessure exposée à tous.

Et ce père que j'ai créé qui nous juge. Le père idéal, l'autre Antoine. Je voudrais me confondre avec lui.

Me référer constamment à ce que lui ferait. Ce qu'il écrirait. Quel genre de père il serait.

À lui le courage et l'abnégation, à lui l'intelligence et la sérénité, à lui de tenir bon, à moi de m'effondrer, à moi la peur et l'angoisse, à moi l'ombre, à lui la lumière.

Les portes s'ouvrent enfin. J'étouffe mais je ne sors pas immédiatement. J'hésite une seconde. Pourquoi ne pas continuer mon chemin ? Pourquoi s'arrêter là ? Pourquoi affronter ce moment-là ? Pourquoi ne pas se dérober encore ?

Je ne voulais pas y aller. J'ai été absent, je n'ai pas répondu, j'ai dit peut-être et un jour, sans que je puisse rien y faire, il a dit oui.

Alors je sors parce qu'il le faut. J'ai besoin d'air. Et tant que j'arriverai à me sortir de ces lignes qui m'enserrent, de ces regards qui me pèsent et de ces personnages qui me coûtent, je serai un peu vivant. Réel. Tangible.

Une femme sur le quai attend que je me décide. Je sors. En passant devant elle, je crois l'entendre me chuchoter – « Dépêchez-vous, ils vous attendent ! »

Je me retourne sur les portes qui se referment. Elle me laisse un sourire discret avant que le métro ne s'enfouisse dans le tunnel au bout du quai.

Les sourires discrets sont les plus précieux, ils sont comme les baisers légers, les mains sur l'épaule, les murmures délicats, ils sont donnés et n'attendent rien en retour. L'espace d'une seconde, elle m'a rappelé ce goût que les mots n'auront jamais. Cet ascendant que le réel conserve sur la littérature. L'éphémère.

Ce qui est beau dans un sourire discret c'est qu'il disparaît aussitôt après être apparu sans vous laisser de mots pour le décrire.

Elle m'a dit : « Ils vous attendent. » Elle n'a pas parlé de lui, elle n'a pas dit : « Ils l'attendent. » Elle l'a dit avec empathie, comme si elle entendait ma douleur, comme si elle voulait l'apaiser, comme un baume.

Elle l'a dit avec cette intonation qu'ont les femmes que j'ai aimées dans ma vie, celles à qui je donne toutes mes défaites et qui me pardonnent ce que je suis.

Très vite, la fiction me rattrape. Ses mots se dispersent en même temps que mes pieds se disloquent. Je m'enfonce dans le macadam du quai. Chaque pas est une lutte. Plus rien ne me porte sauf ma volonté de m'échapper.

Dehors, enfin, j'inspire autant d'air que je peux. Il a l'odeur de Paris en hiver, humide, grise et légèrement glacée.

L'avenue Montaigne s'étale dans sa tristesse dorée. Le théâtre du Rond-Point semble un refuge pour ceux qui s'y seraient égarés.

Tout y apparaît factice, y compris cette grande bâtisse Empire, érigée à la gloire de nos armées qu'une troupe menée par Jean-Louis Barrault a transformée en théâtre d'avant-garde.

À son ouverture, en mars 1981, a été donné *L'Amour de l'amour* d'après des textes d'Apulée, La Fontaine et Molière. Aujourd'hui à l'affiche, dans la petite salle, *Vous n'aurez pas ma haine* avec Raphaël Personnaz, d'après le texte d'Antoine Leiris.

Je trouve un endroit à l'abri des regards. Devant le théâtre, s'élèvent deux grands arbres et un bosquet, et je me suis caché derrière eux, comme un enfant qui veut échapper à une punition.

Je me suis souvent caché petit garçon, dans les arbres, derrière les buissons, sous le lit. Sans jeu particulier, juste parce que j'aimais ce sentiment de n'appartenir qu'à moi-même, de sentir que rien ni personne n'avait prise sur moi. J'aimais entendre mes parents m'appeler et ne pas répondre.

Puis il fallait sortir de ma cachette, être un fils, un élève, un frère, plus tard, un employé, un mari, un père. À la fin on me cachera à nouveau dans une grande boîte et personne ne m'appellera pour en sortir.

J'ai continué à me cacher toute ma vie. Et chaque fois, lorsque je revenais, je faisais comme si je n'étais jamais parti. Personne n'est dupe, mais cette comédie, cet aller-retour permanent s'est installé avec l'accord tacite de ceux qui me sont proches, les autres sont partis.

Je suis l'ami, le frère et le fils absent. Celui sur qui on ne peut pas vraiment compter. Celui qu'on laisse à distance de peur de s'y attacher.

Me voilà donc, dissimulé toujours derrière deux troncs d'arbres, un bosquet et une cigarette électronique, alors que la pièce commence dans deux minutes.

J'aspire tout ce que je peux de fumée avant de me lancer, enfin. J'entre dans le théâtre comme une locomotive à vapeur dans un tunnel, laissant pour seul témoignage de son passage des volutes blanches. Les miennes ont un arôme pomme-cerise.

Je vois au bout du vaste hall d'accueil les derniers spectateurs entrer dans la salle. Un jeune homme attend, posté devant la porte, ceux qui ne sont pas encore des retardataires. Il porte une sorte de tablier marron et un tee-shirt bleu ciel, l'uniforme des ouvreurs et ouvreuses du théâtre du Rond-Point. Tous de jeunes apprentis comédiens.

Je le fixe et avance droit vers lui sans jamais le quitter des yeux, comme un mannequin traverse un podium, le menton levé, l'air ailleurs, en espérant ne pas casser son talon avant d'arriver au bout.

Mon corps se crispe. Pas tout entier, pas d'un coup, mais petit à petit, morceau par morceau. Mes épaules d'abord qui se raidissent, mes bras qui se balancent maintenant sans que je puisse en contrôler le mouvement, mes jambes qui ne veulent plus se coordonner.

Je suis bientôt arrivé. J'ai l'allure d'un de ces petits bonshommes en plastique avec lesquels Melvil joue. Je ne peux plier ni mes jambes ni mes bras, mes mains sans doigts ne me servent à rien, j'ai des yeux ronds et un sourire demi-lune dessiné à la place de la bouche. Je me poste devant lui.

J'aimerais un signe. Je viens d'effectuer un marathon avec un sac de briques sur les épaules et il n'a pas de médaille à m'accrocher autour du cou ? Pas même un bravo ? Simplement me laisser la possibilité de lui raconter le chemin que j'ai parcouru, qu'il sache que je ne suis pas tombé, que personne ne m'a vu, que je vais pouvoir passer inaperçu. Invisible.

Il me demande simplement mon billet. Trou noir.

Mon billet ? Je n'ai pas de billet. C'est de mon texte qu'est tirée cette pièce. Je lui dis simplement, comme en m'excusant : « Je suis Antoine Leiris. » Il ne me répond pas. Il me regarde et finit par me lâcher, sur le même ton qu'une infirmière aurait demandé à une patiente de manger sa compote : « Il a une invitation ? » Je lui murmure qu'il faut demander à l'attaché de presse. « Vous êtes journaliste ? »

Il hausse d'un ton, nous en sommes maintenant au policier municipal qui demanderait à un automobiliste de bien vouloir déplacer sa voiture mal stationnée. Je lui réponds que non, je ne suis pas journaliste, enfin je ne suis plus journaliste. Voyant que la manière forte n'y fait rien, que je ne comprends toujours pas ce qu'il attend de moi, il se décide pour une tonalité intermédiaire. Celle d'un professeur débutant qui demande pour la première fois de la journée à ses élèves de sortir leur cahier : «Je vais l'appeler», dit-il.

Il interpelle une de ses collègues et lui demande d'aller chercher C. de la presse qui doit être dans le coin. Elle monte en haut de l'escalier en même temps que ma dignité descend jusque dans mes chaussettes. J'aurais bientôt une dignité qui sent des pieds.

Je suis là à attendre devant la salle, obligé de décliner cette identité que j'aimerais cacher. Je voudrais être un simple spectateur et cet indélicat m'oblige à être l'auteur, le responsable de cette situation ridicule, naïf au point de croire qu'on me laisserait dans mon coin, sans me demander quoi que ce soit, sans signaler à ceux qui sont sur scène mon passage, sans me demander ensuite ce que j'en penserais.

Je suis un enfant de bientôt quarante ans qui vient de perdre à cache-cache.

Du haut de l'escalier, C. nous fais signe que c'est bon. Elle prend un petit air gêné comme pour rappeler à son collègue l'écriteau que je porte dans mon dos : «En deuil». Il y jette un œil lorsque je passe devant lui et semble bredouiller quelque chose qui ressemble à un pardon.

Mon écriteau, ma dignité qui sent des pieds et moi-même nous installons au dernier rang, côté couloir, malgré les invitations répétées de celui qui veut absolument que je m'installe, là-bas, au milieu, devant.

«Vous serez aux premières loges!»

Je n'ai pas besoin d'être aux premières loges. Je n'ai pas envie d'être aux premières loges. J'ai déjà vu jouer cette pièce-là.

Je lui dis : «Je suis bien ici, merci.»

Le noir se fait dans la salle. La scène s'allume et il me semble que durant ce court laps de temps d'obscurité la disposition de la pièce s'est modifiée. C'est imperceptible au départ. Juste une impression. Tout est sombre et pourtant je distingue nettement que quelque chose a changé. Ce sont les sièges. Les sièges des spectateurs sont désormais tournés vers le fond de la salle. Je vois leurs visages. Ce sont des visages à demi, dans l'ombre, des yeux sans pupille, des regards vides.

Ils sont tournés vers moi. Les gens se sont tournés vers moi. Le spectacle est là, sur le dernier siège à gauche, du dernier rang de la salle Jean-Tardieu.

Je sais que ça vient de moi. Je sais que personne ne m'a vu, pourtant je me sens épié, jugé, coupable de laisser donner ainsi le spectacle de notre vie sur scène.

Lorsque le comédien prononce ses premiers mots, je crois que je suis le seul à les entendre. Mon corps est en cire, figé sur mon siège. Sous le regard de tous je retiens mon émotion. Je n'ai pas de colère, pas de désir, pas de déception. Le spectacle n'est peut-être pas là finalement.

Les spectateurs se tournent maintenant un à un vers la scène. Je ne suis qu'un parmi d'autres. Commence à naître chez moi de la curiosité. Pour cette histoire, pour ce piano qui rythme les journées, pour cette lumière. Je suis une écoute. Je suis un regard. Les mots avancent et je deviens finalement ce spectateur que je voulais être.

Je me laisse porter par les silences. Je pleure à l'absence. Je ris à la vie. Je me fonds dans cette émotion qui semble porter la salle.

Je trouve le comédien juste. Je comprends que ça n'est pas moi. Je ne me reconnais pas – la voix, sans doute. J'ai dans les graves une pesanteur qu'il n'a pas. Il est plus jeune ou alors c'est qu'il a vécu moins de vies. Il est plus léger. Il rend le texte dicible.

Il y a des moments de grâce. Cette anecdote, quand le père qui essaie de couper les ongles de son fils craint de lui avoir coupé le doigt. Il y a ces gens qui le croisent dans la rue et qu'il n'entend pas. Il y a les petits pots des mamans de la crèche. Il y a la lettre que le père lit au moment de l'enterrement. La flaque d'eau dans laquelle ils sautent ensemble à la sortie du cimetière.

Ça nous ressemble mais ça n'est pas nous. Ce père, je ne le reconnais pas. Ce n'est pas le mien ni celui de Melvil. On me raconte l'histoire d'un autre. On me décrit le fils d'un autre.

L'écriture nous a figés dans un moment qui n'est plus. Je comprends que cet autre père en moi, cet idéal n'existe pas. Celui qui m'empêchait d'être père, qui me rendait malhonnête n'est que le fruit de ma fiction. Nous sommes si différents. Je vais pouvoir lui laisser ce qui m'encombre. À lui l'exigence de la perfection, à moi l'approximatif, le presque, le pas-tout-à-fait. À lui l'ombre de la lumière artificielle, à moi le soleil, à moi la lune, à moi le vrai.

La scène, en rendant à cet instant son mouvement, sa chair et l'implacabilité du présent, nous libère. Nous n'avons plus la responsabilité de le porter.

Ce qui est si beau est là, loin, lourd, à faire grincer les planches d'un théâtre. Nous avons le reste. Tout le reste ; le vivant.

Le noir se fait sur scène. La salle s'allume et je m'extirpe de mon siège comme on se sort des bras de quelqu'un qui vous retient – en lui laissant une partie de soi. Quelque chose restera là, au théâtre. Peut-être cette idée que je suis le père de ce livre qui n'est plus à moi.

Cette idée que je dois agir comme aurait agi ce père. Décider comme aurait décidé ce père. Être ce père qu'on admire et qu'on plaint.

La porte de la salle, que j'ouvre avec la force de ceux qui s'enfuient, se referme sur une histoire qui ne m'appartient plus. Ce père et ce fils sont des personnages.

Je pense à Hélène. Elle que j'ai offerte sans qu'elle ait son mot à dire. J'ai envie de la retrouver comme je me retrouve moi-même.

Je voudrais la voir et lui dire qu'elle n'est qu'à moi à nouveau.

En sortant de la salle je rallume mon téléphone. J'ai reçu un SMS de ma sœur : « Hello Antoine, comme nous serons au ski à Noël, je voulais savoir un peu en avance si tu avais une idée de cadeau pour Melvil ? »

Ma réponse : « Un nouveau papa. »

Je pense à lui.

J'ai hâte de le retrouver et je m'entends lui dire : « On se fiche des taches de bolognaise au plafond. Nous n'avons plus à jouer désormais. J'ai retrouvé notre vie. Elle est un point d'exclamation. »

5.

Janvier 2018

J'ai emmené Melvil se promener dans la forêt de ma jeunesse. Je dis «forêt», car j'en garde un souvenir d'enfant : celui d'un territoire immense, peuplé d'arbres gigantesques.

En réalité, c'est un bois, un petit bois coincé entre trois villes de cette banlieue bourgeoise. Le genre de bois où l'on ne se perd pas et au milieu duquel se trouvent une clairière et une aire de jeux aménagée, avec des balançoires.

Je veux que Melvil sente cette légèreté autour de nous. Je veux nous sortir de notre cadre en douceur, changer d'endroit, de focale. Je me tourne instinctivement vers ce que je connais.

Nous sommes sur la balançoire. Il se met sur mes genoux. Je me penche en arrière jusqu'à être presque allongé, lui sur moi. Nos têtes sont renversées vers le ciel.

La gravité s'inverse peu à peu : à force d'allers et retours, on devient le point fixe autour duquel l'univers se balance.

Plus loin, se dresse une construction en bois, l'idée qu'on se fait de la cabane de Robinson Crusoé. En guise de décor, les marronniers remplacent les cocotiers et on entend le train qui passe à intervalles réguliers, un de ces vieux trains de banlieue au roulis saccadé.

Une échelle de corde permet de monter tout en haut de la maison des naufragés. Les premiers temps, Melvil refuse l'obstacle, trop grand pour son âge. Il le regarde avec un air mélangé de crainte et d'avidité, n'aimant ni grimper, ni sauter, ni se suspendre.

Melvil n'aime pas le danger ; ce n'est pas tant qu'il a peur, mais il attend que l'amusement escompté soit à la hauteur du risque encouru.

Moi, je le suis pas à pas ; toujours derrière lui pour le protéger.

On s'assure l'un l'autre, comme ceux qui escaladent des falaises abruptes. Lui là-haut, moi en bas. Il me cherche du regard à chaque centimètre gagné.

La plupart des autres adultes restent assis sur les bancs, et moi je suis là, au milieu. Je ne peux pas faire comme ces parents, j'en suis incapable. Je ne fais pas partie de cette catégorie de gens rassurés.

Chez moi, le hasard n'a pas sa chance. J'ai compris : ma tartine tombera toujours du côté de la confiture. Alors je suis là, je veille, je joue et je finis par me convaincre que c'est ce que Melvil désire, ce qu'il me demande.

Nous décrétons cette fois que le moment est venu. Pour lui comme pour moi ; alors autant le faire d'un coup, comme un sparadrap qu'on retire d'un geste sec, un sirop au goût d'anis qu'on avale d'une traite, une première cigarette ou un premier baiser.

On ferme les yeux, on ne pense à rien et on se lance avec cette certitude intime : c'est maintenant ou jamais.

Il prend son courage à deux mains, ne regarde pas en bas. Puis, comme s'il répétait des gestes maintes fois exécutés, il escalade l'échelle de corde.

Je le regarde d'un peu plus loin, j'accepte de ne pas être en rappel, les bras tendus, à le guider, à vérifier et à sécuriser ses appuis. Je veux lui laisser s'attribuer sa victoire.

Arrivé au sommet, il s'inquiète de la redescente. Il m'appelle et me tend les bras, comme s'il se noyait. Je lui dis : « Le plus simple est de continuer par le pont de corde et de descendre par le toboggan au bout là-bas», et je lui montre le chemin.

Nous négocions – «Non c'est toi qui me descends», «Dans tes bras», «Je ne veux pas le pont de corde». Je ravale mon envie de le prendre dans mes bras, de l'entourer de papier-bulle et de le ranger dans un tiroir pour être sûr qu'il ne pourra rien lui arriver.

Il accepte de continuer et finit, une minute plus tard, sur les fesses, dans le sable, en bas dudit toboggan. Il a le sourire victorieux, de ceux qui ont affronté l'adversité, comme s'il avait franchi l'infranchissable, dépassé l'indépassable, dompté l'indomptable, lui-même.

Il n'est ni le premier ni le dernier, mais cela ne m'importe pas : il a accompli, il est allé jusqu'au bout, il est arrivé. C'est une victoire autant pour lui que pour moi.

Je lui laisse la gloire mais je sais mon rôle et m'en satisfais pleinement. Je suis le sherpa qui emmène l'aventurier jusqu'au sommet. Il aurait pu se faire mal, nous aurions tous les deux survécu.

Il y a dans l'amour d'un parent une forme d'ambivalence. Les défaites, les blessures et les chagrins des enfants sont autant de marques de leur utilité.

Les attendre? Les envier? Les désirer? Espérer que ça ne soit pas trop grave tout de même. C'est l'ambiguïté de cet amour paternel. D'un simple baiser, je le soigne de sa chute. Je deviens chirurgien orthopédiste.

D'autres fois, je suis ornithologue. Je l'observe se poser sur sa chaise pour son repas. Je ne fais aucun mouvement, je n'émets aucun son, je retiens autant que possible ma respiration pour ne pas qu'il remarque ma présence. J'épie chaque détail de son régime alimentaire. Je dissèque ses relations avec ses congénères. J'étudie son chant. Je note le moindre changement dans son cycle de migration lorsqu'il revient se poser sur notre branche chaque soir.

Je suis océanologue. Je constate son adaptation au milieu aquatique. Il est tantôt marin, tantôt baleine, mais toujours entouré de petites voitures amphibies et de sa faune de poissons en matière plastique.

Je suis morphologue. Je vérifie d'un coup d'œil, en le séchant, qu'il grandit bien. Que tout est à sa place et dans le bon ordonnancement. Je suis bactériologiste. Ce petit bouton rouge sur sa fesse gauche ne me dit rien de bon. Je suis chimiste. Je dose au milligramme près la quantité de légumes dans son plat pour éviter toute réaction non-contrôlée.

Je suis volcanologue. Je sens la chaleur de la lave monter et peux prévoir avec précision la date et l'heure de l'éruption. J'étudie les coulées de colère refroidies pour savoir de quelles matières elles se composent. Je suis biologiste. Je constate après les dégâts que la nature reprend toujours ses droits. Je suis cartographe. Je trace les frontières qui délimitent sa vie. Je dis où il peut et où il ne peut pas aller.

Je suis hydrologue. J'ajuste à la minute près l'heure du dernier passage aux toilettes, en fonction de la quantité d'eau ingurgitée, et de la probabilité de fuite hydrique durant la nuit. Je suis astronome. Je calcule le temps de chacune de ses révolutions et en déduis l'heure de son lever et celle de son coucher. Je suis historien. Je raconte des histoires en n'oubliant jamais de dissocier les faits de leur interprétation.

Je suis physicien. Je calcule, en fonction de son rapport poids-puissance et de l'équilibre global des masses, le moment où il faudra enlever les roulettes de son vélo. Je suis statisticien. Je projette le temps et le nombre d'essais dont il aura besoin pour y arriver. Je suis anthropologue. Je relate pour la postérité son évolution lorsqu'il se lance enfin comme un grand.

La forêt de mon enfance, d'abord. Puis notre premier appartement.

J'ai des démarches administratives à faire dans cet arrondissement. Je n'y suis presque jamais retourné, je l'avais rayé de ma carte de Paris, limitée désormais au sud et au centre.

Je dois changer mon lieu de résidence pour ma carte électorale à l'hôtel de ville du dix-huitième arrondissement. C'est une place animée. Il y a un carrousel qui tourne et au fond une grande église désertée, Notre-Dame de Clignancourt.

En sortant, je propose une promenade dans les rues alentour comme on le faisait quand il était nourrisson.

On remonte vers la butte Montmartre. Je goûte la familiarité des lieux, les souvenirs font présence.

Melvil a faim ; instinctivement, nous nous rendons à la brasserie le Nord-Sud, en face de la mairie, là où nous allions le week-end, manger la cuisine familiale que nous n'avons jamais su préparer.

Il demande un plat de spaghettis bolognaises. Je me sens bien, il reste dans le lieu ce qu'on y avait laissé. Ce plaisir d'un moment partagé.

Les pâtes arrivent. Melvil les engloutit pendant que je lui raconte les premières semaines de sa vie. Je ne l'ai jamais vraiment fait encore. La chambre dans laquelle on avait réuni les deux lits pour nous laisser un immense espace matelassé, les visites de la famille qu'on écourtait pour se laisser vivre tous les trois, les matinées sur le tapis d'éveil à s'extasier devant le moindre de ses gestes, la façon si particulière qu'il avait de nous regarder, d'être là.

Se rappeler les jours heureux. Laisser se développer le souvenir tant qu'il est flou, prendre le temps de le savourer, et dès qu'il se précise, que ses contours deviennent plus nets, que la réalité le rattrape, que le masque du fantasme commence à tomber, fermer la porte et en ouvrir une autre.

Lui n'écoute pas vraiment. Il mange ses pâtes à grandes bouchées, sent que je suis heureux, que lui parler me rend heureux. C'est suffisant pour finir son plat. Au moins tout ce qui n'est pas sur la table, par terre, sur son pantalon, sa chemise ou sa serviette.

Un autre jour, c'est bientôt l'été. Nous sommes dans le bus, au retour du zoo. Il sautille dans son short éponge à chaque nouvel arrêt, et répète, en imitant la tonalité neutre de la voix féminine qui nous l'annonce, notre prochaine destination.

Je ne vois rien, je n'entends rien. Après une matinée passée à marcher, à sauter, à raconter, à gronder, à rire, à essuyer des taches de chocolat, tout ce qu'il me reste d'attention est pour lui. « Olympiades », « Choisy », « Italie », « Moulin-des-Prés »...

« Bobillot-Tolbiac », je me réveille brusquement. Sans que Melvil ait le temps de comprendre ni de contester, je le prends par la main et l'entraîne jusqu'à la porte arrière. Je veux qu'il voie ce lieu autant que je veux le revoir. Quelque chose est resté là. C'est un endroit magique, tellement magique qu'Hélène et moi n'y sommes jamais retournés, de peur peut-être de rompre le charme.

Les portes se ferment en nous laissant sous un soleil de mai, face au 24, de la rue Charles-Fourier. Un grand immeuble se dresse devant nous, rose ou peut-être violacé.

Je me souviens de la lumière rasante de ce début de soirée du mois de juin. La musique qui résonnait partout dans les rues. Les phrases que je me répétais avant d'arriver. Me rappeler de lui dire qu'elle est belle. La complimenter à propos de ses chaussures. Lui proposer de marcher un peu pour prendre un verre.

J'accélère le pas. Il court pendu à mon bras pour longer la rue jusqu'à une petite place ombragée. La reconnaître immédiatement. Revivre ce moment juste avant, quand rien n'est encore sûr, quand tout peut encore basculer. S'approcher de son visage. Poser une main sur sa joue blanche et chaude. Sentir son cou sous mes doigts, les coins de sa bouche se relever.

Le bruit des voitures a disparu. Des gens sont attablés à une terrasse. Melvil me suit au café, je demande à la serveuse si nous pouvons emporter une coupe de glace au chocolat, là juste à côté, au milieu de la place où il y a un petit square avec des jeux.

Il n'a pas dit un mot depuis la fuite du bus. Lui d'ordinaire si loquace reste silencieux. Nous nous avançons jusqu'à ce muret, au bord du parc. Nous nous asseyons l'un à côté de l'autre, moi tenant son goûter, lui y plongeant sa cuillère avec délectation. Je l'embrasse enfin.

Je dis : « C'est là que ta maman et moi nous sommes rencontrés. » J'avais laissé ce souvenir de côté si longtemps. Ma voix laisse transparaître quelque chose d'inconnu pour lui.

Je dis encore : «C'est là que tu es né.» Né de cet amour que j'ai cru dépasser et qui me rattrape aujourd'hui que nous sommes là tous les deux, à l'exact endroit où nous étions avec Hélène.

Il me demande simplement :

«À Paris ?

— Oui, à Paris.»

Laisser venir l'émotion, l'intime. La laisser entrer à nouveau en moi. Ne plus l'abandonner à la porte ou la jeter dans les bennes. Entrouvrir les fenêtres et baisser les murs.

Un dimanche, une autre fois, nous prenons la voiture et nous laissons conduire par la route. Sans trop de surprise, nous atterrissons dans le quartier où vivait ma grand-mère, non loin de la forêt de mon enfance et de ses balançoires. Un lotissement comme beaucoup d'autres, avec ses rues propres et ses enfants à vélo.

Mon grand-père y avait acheté un terrain dans les années soixante. Ma grand-mère racontait la suite : il était revenu un jour, sans prévenir, annonçant qu'il avait trouvé l'endroit où ils habiteraient. Ils y ont fait construire leur maison.

Je ne l'ai pas montrée à Melvil ; seulement les rues, la «sente de la folie» que je descendais à vélo à toute vitesse et ces maisons, toutes différentes mais marquées pourtant du sceau de leur époque.

Il y a cette demeure carrée dont le rez-de-chaussée est à demi enfoui et où les pièces de vie sont au premier étage. Au-dessus des baies vitrées, de grands stores rayés, blancs et jaunes ou blancs et bleus, sont tirés.

Il y a cette autre maison blanche qui imite l'architecture des longères de campagne, avec son faux toit de chaume. Ou ce lac artificiel qu'un couple de cygnes blancs habite.

Je gare la voiture à côté et détache Melvil. Je lui propose d'aller au bord de l'eau lancer des miettes de son biscuit aux oiseaux. Ils viennent vers nous. Ils ont dans l'attitude le même mépris que je ressentais déjà enfant. Comme si la beauté de cet animal, son élégance, ce cou si long et ses ailes d'ange déchu lui conféraient une forme de supériorité.

En lui recommandant de faire attention de ne pas tomber, je lui raconte comment, à peine plus âgé que lui, je suis moi-même tombé dans le lac alors que je lançais des miettes.

Je lui décris alors mon père, sautant dans l'eau pour me repêcher tandis que les volatiles commençaient à m'attaquer.

Melvil semble étonné – toi, papa, tu as eu un papa aussi ?

Je lui dis les coups de becs, la panique, l'impression de me noyer alors que j'avais pied et la vase dans laquelle je m'enfonçais.

Il ne comprend pas tout. Mais sans me regarder, il s'éloigne de l'eau et cesse de donner à manger à ceux qui m'ont un jour embêté.

La promenade nous tire jusqu'au terrain de tennis. C'est là, juste derrière, que j'ai fumé mes premières cigarettes. On s'y réunissait après que j'en avais volé quelques-unes dans le paquet de Rothmans rouges de ma grand-mère.

Nous passons devant une maison. Je la reconnais : j'étais fou amoureux de la jeune fille qui y vivait ; de ces amours adolescentes qui ne laissent de traces que parce qu'elles ne se sont jamais concrétisées.

C'était une grande tige qui faisait trois têtes de plus que moi. Chaque soir, nous rentrions ensemble des cours. J'ai oublié son prénom et je crois à y repenser qu'elle n'était pas si belle ; simplement grande et blonde. Mais elle m'aimait bien.

Son pavillon est toujours aussi bien entretenu. Je ressens intacte ma timidité de petit garçon. Elle et moi avons marché côte à côte des centaines de fois, sans que j'ose l'embrasser. Cette impuissance m'a longtemps poursuivi. Même plus tard, j'embrassais souvent comme ça, par accident, sans que j'aie à le décider, à le demander ou à en prendre l'initiative. Je préférais qu'on dispose de moi. Je ne savais pas faire autrement de toute façon.

J'ai gardé longtemps cette incapacité à choisir, à décider. La vie s'imposait. J'étais un personnage secondaire. Un employeur m'a dit que j'avais du potentiel et j'ai travaillé. Un ami m'a dit que je comptais et je l'ai choyé. Hélène m'a prévenu que j'allais être père et j'ai pleuré.

Nous reprenons la voiture et filons dans les rues étroites. Je nous mène à l'aveugle, sans appréhension, me laissant guider par mes impressions.

Nous suivons les mêmes itinéraires que j'empruntais enfant et adolescent, à pied, à vélo, puis à scooter. Des itinéraires de bric et de broc, visuels, sans aucune précision ni aucun nom de rue – la deuxième à gauche après le feu qui fait l'angle de la rue du tabac, à droite dans le virage en épingle après le panneau stop, etc.

Nous empruntons donc la deuxième à droite après l'ancien Prisunic, puis à gauche à l'église et tout de suite à droite, à l'enseigne Topy.

Mon ancienne école est au beau milieu d'une côte abrupte et divisée en deux parties. Elle est faite de deux grands bâtiments que j'associe instinctivement au XIXe siècle et à l'école de la Troisième République, sans que mes connaissances en architecture ne permettent de le vérifier.

Dans la partie haute : les classes des grands, du CE2 au CM2, anciennement l'école des garçons ; dans la partie basse : les classes des petits, du CP au CE1, anciennement l'école des filles. Un escalier fait le lien entre les deux pour permettre à tous d'accéder au réfectoire.

Je gare la voiture. Nous sortons pour nous approcher des bâtiments. Je repense à *La vie est belle*, le film de Frank Capra. La veille de Noël, James Stewart qui pense avoir raté sa vie, tente de se suicider, avant qu'un ange – encore trop jeune pour avoir des ailes – ne parvienne à le sauver. Pour le convaincre de continuer de vivre, il le conduit dans les lieux qui ont marqué son existence, à ce détail près que la vie s'y déroule comme s'il n'avait jamais existé.

Je me dis : c'est le même mouvement qui me guide et mon petit ange me tient par la main.

Devant les bâtisses, je lui explique que, presque à son âge, je venais ici tous les jours de la semaine, comme lui, à l'école. Je lui pointe du doigt le bureau du directeur et de l'infirmière scolaire, où je réalise qu'un morceau de moi s'est façonné. Un moment insignifiant qui pourtant m'a profondément changé.

Il y avait, dans notre classe, le même « grand » qu'il y a dans toutes les classes, à tous les âges, de toutes les époques. Chez nous, celui qui faisait deux têtes de plus que tout le monde s'appelait Patrick. C'était un garçon immense, presque un homme, aux cheveux crépus et à la voix cassée. Il n'était pas méchant, n'usait que rarement de sa force, mais il impressionnait, il m'impressionnait.

Ce jour du vaccin obligatoire, alors que nous attendions en rang dans la cour, je l'ai vu débouler en larmes, tiré par le directeur. Il hurlait : il ne voulait pas qu'on le pique. Cet enfant si puissant exposait sa panique aux yeux de tous.

Je me souviens avoir senti le frisson qui passait dans le rang. Comme si cette possibilité de refuser, de dire non, de se débattre, de crier qui n'avait effleuré aucun d'entre nous, avait réveillé l'angoisse qui sommeillait en chacun.

Melvil est un nourrisson de quelques heures. Une infirmière entre dans la chambre ou nous sommes tous les trois avec Hélène. Elle nous annonce : « Il faut faire une prise de sang. » Elle nous raconte que ça peut être difficile à supporter parce qu'il faut chercher une veine dans la main et que, à cet âge, elles sont difficiles à trouver.

Elle nous dit qu'il vaut mieux ne pas l'accompagner, qu'il va beaucoup pleurer. Je lui réponds qui si lui peut le supporter je le peux aussi.

J'ai dix ans, je me mets dans le rang, j'entre dans le bureau de l'infirmière, mon corps se tend et ma mâchoire se crispe. Elle me pique et je ne pleure pas.

Ce jour-là, j'ai fait partie des rares qui n'ont pas pleuré. J'en ai tiré une définition de ma force. Je ne serais pas le plus courageux, ni le plus beau, pas le plus drôle, pas le plus le plus brillant, pas le meilleur ni en sport ni avec les filles.

Je serais celui qui résiste le mieux à la douleur. Celui qui ne laisse jamais rien transparaître de sa souffrance. Celui qui reste debout. Ce petit garçon est encore en moi.

Je voudrais montrer à Melvil l'intérieur, mais les murs et le portail sont trop hauts et fermés à double tour le dimanche. Je l'entraîne donc vers le bas, pour vérifier si l'entrée par la salle de musique permet de distinguer quelque objet à l'intérieur.

En passant, je redécouvre l'endroit où nous jouions aux billes. Il n'est plus le même. Notre terrain était une bouche d'égout sur laquelle nous misions notre fortune comme dans un tripot. Je me souviens : je ne jouais jamais les plus belles de ma collection, j'avais trop peur de les perdre.

Je misais plutôt par lots. J'essayais de gagner les plus belles des autres contre plusieurs billes quelconques.

Je me fichais du nombre, je me suis toujours fichu du nombre ; je voulais les plus belles, les plus précieuses.

Nous faisons le tour par l'autre côté de la rue pour arriver jusqu'au point le plus haut de cette cour à étages. Je me souviens de grandes fenêtres grillagées sous une sorte de petit préau dans l'angle de la cour des grands, j'aimerais tout revoir.

Melvil ne comprend pas bien ce que nous faisons ni ce que nous cherchons mais il m'imite, et nous mettons nos mains sur le visage pour observer qu'il ne s'y passe rien.

J'ai quatre ans comme lui, nous faisons la même taille, regardons ensemble, avec la même envie, la cour d'école dans laquelle nous évoluerons bientôt.

Des tables de ping-pong s'étendent sous le préau. Les nôtres étaient en bois, celles-ci sont en dur. Je m'y suis écorché les côtes à force de courir autour. La dernière année, nous empruntions toujours la table du fond. Personne ne contestait notre appropriation de cet espace, nous étions les plus âgés.

J'ai mis dans le jeu, dans la compétition, la même détermination que face à la piqûre. Je ne lâchais rien. Il m'arrivait de feindre d'être bon perdant parce que je ne supportais pas l'humiliation de la défaite. Je disais : « Je n'ai pas l'esprit de compétition », mais j'arrêtais instantanément toute activité où je ne pouvais pas gagner. Plus tard, je n'ai jamais fait de sport pour éviter ce genre de désagrément.

J'ai gardé une série de photomatons de cette époque où on pouvait encore bouger entre les clichés. Il ne reste évidemment plus que trois photos sur les quatre initiales – la dernière ayant dû servir pour une carte de bus.

Sur chacun d'eux, j'ai le même sourire pétrifié, la même posture désarticulée, le même air absent. Je penche aussi de plus en plus vers la sortie de l'image. Peut-être, sur le dernier cliché, n'étais-je tout simplement plus là.

On a parfois une représentation figée qui nous reste de notre enfance. Un écho de soi, à tel moment, dans tel endroit, avec telle attitude. L'image que je garde de moi, c'est cet évitement, cette tendance irrémédiable à vouloir sortir du cadre, cette idée que si je ne fais pas trop de bruit, personne ne verra que je ne suis plus dans l'image – cette photo manquante.

« Ici, je raconte à mon fils, papa a connu de belles victoires. » Je lui dis les courses folles, les glissades, les amortis et les smashs arrangés avec l'adversaire pour s'assurer une place en finale.

Ce genre de souvenirs n'est pas dans le récit que je fais de ma vie. Comme s'ils restaient dans les lieux auxquels ils sont attachés. Ensuite, on les met de côté. Ils sont là-bas. Ailleurs. Ils ne remontent qu'à cet endroit.

Melvil reste interloqué face à l'idée que j'ai pu faire tout cela. Il me regarde fixement, silencieux, ne comprenant pas pourquoi j'ai soudain rapetissé, pourquoi d'un coup on se ressemble tellement ; la même bouille, les mêmes dents en avant, le même goût de l'observation, le même mélange d'appréhension et de volonté, la même présence.

Je vois dans son regard qu'il n'arrive pas à se figurer que j'ai pu être ailleurs que dans mon fauteuil à écouter la radio, faire autre chose que cuisiner des coquillettes – j'ai cuisiné des dizaines de kilos de coquillettes – et passer l'aspirateur, chuter moi-même et ne pas seulement le relever de ses propres chutes, crier mais pas pour gronder, ne pas être attentif, traverser sans regarder, pleurer quand j'ai mal.

Moi non plus, je n'ai jamais pu imaginer mon père autrement qu'une cigarette aux lèvres et au volant d'une voiture.

Cela nous dépasse tous les deux. Je me regarde à travers lui. J'avais oublié le petit garçon que j'étais. Autant que Melvil se demande ce qu'un adulte comme moi, avec son corps droit et raide, avec sa voix grave, avec ses chemises repassées peut faire dans une cour de récréation.

Comme si j'avais toujours été là, tel quel. Comme si je n'avais pas été moi-même un enfant. Comme si je ne pouvais être autre chose que ça : son père.

6.

Mars 2018

J'ai longtemps proscrit tous les écrans de la maison. Mais j'ai fini par accepter que nous regardions un film ensemble le week-end.

Je me souvenais notamment d'un dessin animé que j'avais chroniqué quelques années plus tôt et qui m'avait fasciné par sa délicatesse et sa puissance évocatrice qui ne s'imposait jamais par la force, mais toujours par la subtilité, en proposant au spectateur des pistes plutôt que d'imposer une ligne droite. Il n'y a ni méchants ni gentils et la musique est entraînante.

Ce samedi-là, nous sommes encore en pyjama, je lui propose de regarder *Ernest et Célestine* en mangeant un gâteau au chocolat en guise de petit déjeuner. Je veux m'amuser avec lui, devant l'histoire de cet ours et de cette souris, deux espèces qui ne sont pas censés se parler.

Les ours en haut et les souris en bas.

Je lance l'ordinateur. Pour moi, le spectacle est à deux endroits en même temps : le film et lui, les yeux grands ouverts, qui se délecte des images qu'il voit s'animer pratiquement pour la première fois. Son sourire initial descend peu à peu de sa bouche pour se transformer en une moue de concentration irrésistible.

Je le regarde regarder. Il ne se rend même pas compte que je l'observe, tout absorbé par la chanson de cet ours qui a faim et par cette petite souris qui refuse obstinément le chemin qu'on lui a tracé.

Je l'écoute manger. C'est comme un orchestre, quand il mange. La viande, c'est un son aigu, des petits claquements clairs et saccadés. Le riz et les pâtes c'est plus lent, ça donne le rythme, ça se mâche par grandes bouchées. L'éclair au chocolat, ça s'avale en sourdine et se termine sur une note tenue.

Melvil sursaute légèrement quand l'ours éternue, puis pose sa main sur la mienne lorsque Célestine se fait gronder. Il se tend comme un arc au moment d'une poursuite effrénée dans les égouts de la ville que les souris ont colonisés. Doudou a droit à un énorme câlin quand Célestine retrouve enfin Ernest qu'elle ne quittera plus.

À la fin du film, il se tourne vers moi et me demande de rejouer une scène qui l'a marqué. «Toi, tu es Ernest et moi Célestine!» dit-il avec autorité. Il commence : «Mais Ernest...» Dans ce passage, la souris et l'ours qui viennent d'échapper à la police se retrouvent devant la maison du second. Ce dernier dit alors à la petite souris qu'elle doit rentrer chez elle et lui chez lui. Ce à quoi elle lui répond : «Mais Ernest...»

Je prends une voix d'ours pour lui rétorquer : «Rien du tout... Pas de souris dans une maison!» et je m'en vais en claquant la porte. Il se met à rire et se lève du canapé d'un bond. «Mais Ernest...», répond-il avec l'exacte quantité de supplication nécessaire dans la voix.

Il me demande de pincer le col de son haut de pyjama comme le fait l'ours avec la souris pour le jeter en dehors de chez moi. «PAS-DE-SOU-RIS-DANS-UNE-MAISON... tous les ours te le diront. Si tu en acceptes une il en vient mille!» Je l'envoie sur le canapé dans un rire incontrôlable.

«Mais Ernest...» Ses souvenirs deviennent plus flous, il commence à confondre les mots et à sauter des passages. Il me parle confusément du balai pour chasser les souris, puis des tapettes et enfin du papier collant qui selon Célestine fait exploser le cœur des petits rongeurs.

«Tu veux me faire exploser le cœur... C'est ça Ernest?» Je fais une moue d'ours le plus mal léché possible. Il me dit : «Les ours en haut et les souris en bas c'est ça?» avec la même colère que son personnage. Il me répète encore : «Tu restes en haut Ernest!» et il fait mine comme la petite souris du film de cheminer vers la cave dans laquelle elle va s'enfermer.

Je ne me souviens plus de la réplique suivante. Il le constate avec amertume et me dit, en fronçant les sourcils : «Tu dis… C'est toi qui restes en bas, Célestine!» J'obtempère et il rejoue ensuite seul la scène de la petite souris qui trouve de quoi se faire un lit dans la cave.

Nous passons une journée noyés dans ce que le bonheur a de plus pur. L'espace de ces quelques heures, je ne suis plus seulement le père de Melvil, celui qui donne les ordres, dit la langue, décide.

Je ne suis plus seulement celui qui trace la frontière entre le bien et le mal, le prêtre et le livre, l'alpha et l'oméga, le début et la fin, le procureur et le flic, le maton et le juge d'application des peines, l'arbitraire et le juste.

J'ai sept ans et je passe mon après-midi dans le jardin à chasser les araignées qui se cachent sous les cailloux. Je perçois aussi distinctement la voix de ma mère qui m'appelle pour dîner.

Je me rappelle rire aux éclats avec ma sœur, être secrètement amoureux de ses copines, jouer des samedis entiers avec mon petit frère aux jeux vidéo, sans jamais le laisser gagner.

Je me souviens que j'ai eu des amis, que j'ai fait des bêtises, que j'ai grimpé en haut d'un arbre ; mon ami Guillaume y est même resté coincé. Il a pleuré jusqu'à ce que mon père vienne le chercher.

J'ai fait du vélo, j'ai pris des bains très chauds et moussants, jusqu'à avoir les doigts fripés. J'ai laissé traîner mon linge sale, j'ai fumé ma première cigarette et même, j'ai aimé mes parents.

Lorsque je couche Melvil ce soir-là, me reviennent encore l'odeur des lilas au printemps, les bogues de châtaigne qui piquent les doigts au début de l'automne, les filets de sole au beurre chez ma grand-mère, les chaussons qui chuintent sur le carrelage.

Faire déraper la roue arrière de son vélocross, faire un arc-en-ciel avec un tuyau d'arrosage, le velours poussiéreux des fauteuils qu'on frappe pour faire voler des étoiles dans la lumière, recracher le noyau des cerises et se prendre pour un cow-boy, se laisser hypnotiser par la musicalité d'un échange au ping-pong, découvrir la guitare de Keith Richards, voir la route défiler sous la voix de David Bowie dans *Lost Highway* de David Lynch, tout vider dans sa chambre pour tout ranger ensuite, apprendre à siffler, ouvrir la fenêtre en hiver pour se dire qu'on a chaud sous sa couette, courir comme un dératé quand il faut finalement la fermer, s'entendre dire : « On ne chauffe pas pour l'extérieur ! »

Et puis cette image : enfant, notre maison était entourée de murs qui paraissaient immenses au petit garçon que j'étais. Je ne pourrais dire exactement quelle était leur hauteur, mais mon père, lorsqu'il levait les bras, pouvait en toucher le sommet – sachant qu'il mesurait un mètre quatre-vingts, ces murs étaient peut-être hauts de deux mètres vingt, ou deux mètres quarante.

Il y avait un tas de bûches posé au pied de celui qui jouxtait le garage, ce qui rendait son escalade possible. J'ai longtemps eu peur d'y monter. Puis un jour, j'ai suivi ma sœur. Rien ne semblait l'effrayer.

La première sensation, là-haut, a été la peur du vide, l'idée de danger. Mais elle s'est vite dissipée pour se transformer en autre chose. Une idée de liberté pure, absolue, de celle qui n'est soumise à aucune autre contrainte que celle de la physique ; si je mets mon pied là, je tombe.

Sur ce mur, je n'étais nulle part, ni à la maison ni chez le voisin, mais entre les deux.

C'est une autre image que je garde de moi. Assis sur mon mur, à la frontière, sans nationalité, sans attache, dans les eaux internationales.

Le lendemain, les arbres sont à moitié nus, recroquevillés sur eux-mêmes, crispés par le froid. L'herbe des bas-côtés est légèrement blanchie, la terre est dure, l'air aussi.

Le froid atténue toutes les odeurs, ne restent que celles de la pierre et de l'écorce. L'humidité lève une brume qui transforme chaque rue en cul-de-sac.

J'ai toujours aimé ces matins froids et humides. Il fait encore nuit quand on claque la porte de la maison. On n'y voit pas grand-chose, alors on se dirige à l'oreille. Le bruit des pas sur l'herbe gelée rythme la cadence et donne la direction.

On fait comme si on fumait une cigarette en soufflant de la buée. On est emmitouflé sous des couches de blousons et d'écharpes. On entre dans la voiture comme des voleurs.

Il faut laisser le temps au moteur de monter en température. On se réchauffe les mains en les frottant. Ça sent l'essence et le plastique chaud. Mon père essuie le pare-brise avec le dos de sa main.

Melvil est à l'arrière. Il a son bonnet vissé sur la tête et une écharpe rouge qui lui donne des airs de lutin de Noël. Le moment n'est pas plus solennel qu'un autre samedi ; nous partons faire un tour.

La voiture s'engouffre dans les petites rues parfaites. Le givre est toujours là. Il n'y a personne dehors, seulement des grilles de plus en plus hautes et des voitures garées devant. Quand on visite ma banlieue, on peut croire qu'elle n'est peuplée que d'automobiles.

J'apprécie la beauté des bâtiments, la présence de la nature, le calme. Les lieux sont bien agencés, les rues propres ; rien ne dépasse. Un moment, je me dis que je retournerais bien y vivre. Mais très vite, remontent la solitude, la vacuité, l'espace clos.

J'ai grandi au paradis, au sens biblique du terme, un monde plongé dans une paix absolue que rien ne devait venir troubler. Un tableau, un cadre, où les coups de pinceau s'écharpent en coulisse.

L'enfant que j'étais maudissait cet espace. On grandit en soi quand on grandit là-bas. Mes parents y sont morts en eux, comme coincés à l'intérieur.

Je gare la voiture à quelques mètres. Je détache la ceinture de Melvil. Je lui revisse son bonnet sur la tête. Il ne demande rien, il se contente de me suivre.

Il fait froid, glacial. Nous nous tenons maintenant tous les deux devant la grille de cette maison de mon enfance.

À l'époque, je la trouvais immense, il y avait trois étages et un sous-sol – je pouvais m'y cacher partout. Aujourd'hui, elle ne semble pas plus grande que les autres.

Ma sœur et moi avions notre chambre tout en haut, dans l'ancien grenier. Deux Velux perçaient le toit, la moquette était bleu électrique et laissait dans la chambre une odeur légèrement rance, mélange de poussière et d'humidité. Nous avions chacun une petite armoire pour nos affaires. La mienne était remplie de sweats bon marché et de pantalons bleu marine en velours côtelé.

J'avais accroché sur un cintre ma tenue du dimanche. Un polo blanc que je fermais jusqu'en haut, un nœud papillon bleu ciel que je nouais autour du col à l'aide d'un petit morceau de Velcro, et des bretelles vert opale avec des cavaliers dessinés dessus.

Mon père et ma mère avaient leur chambre à l'étage d'en dessous. Mon frère était juste à côté. Lorsque nous étions au grenier, dans nos chambres, nous avions toujours l'oreille tendue vers ce qui se passait en dessous.

Dans cette maison, tout passait par les bruits, les sons. Le dîner qu'on entendait rissoler, la porte d'entrée qu'on entendait grincer, le bain qu'on entendait couler et mes parents.

On assistait, comme des auditeurs à la radio, à la vie se monter, se préparer, et plus tard, à la déliquescence d'une famille.

Mon père l'avait achetée à l'état de ruine pour y faire des travaux. C'était le projet de sa vie. Il avait mené une partie du chantier lui-même. Il avait ravalé toute la façade et repris le toit. Il avait cassé des murs pour faire une grande pièce en bas, refait entièrement le premier étage. Il avait aménagé le grenier pour en faire notre chambre à ma sœur et à moi.

Je raconte ces travaux à Melvil comme je les ai vécus à cet âge-là.

Le chantier permanent, les outils qui traînent et que j'utilise dans mes jeux, les polos de mon père tachés de peinture, sa force.

Comme si le temps s'était arrêté, la maison raconte l'histoire que nous y avons écrite presque trente ans plus tôt.

Au rez-de-chaussée, se trouvait le salon-salle à manger et la cuisine. Mon père y avait mis du carrelage couleur terre, parce que c'était plus propre et que ça demandait moins d'entretien que du parquet. La cuisine était trop petite et les papiers peints dépareillés.

Mon père voulait tenir sa maison, il s'était imaginé en patriarche, en constructeur, bâtisseur du foyer, mais il n'a jamais terminé – ni la maison ni autre chose. Finir quelque chose, c'est s'exposer à être jugé sur le résultat. Lui ne s'est jamais confronté au talent qu'il imaginait avoir. Il préférait se représenter comme un génie incompris que comme un artiste raté.

Il n'avait pas été simplement comptable, il n'avait pas ruiné la société qu'il avait voulu monter, il n'avait pas laissé la maison en chantier. Au lieu de regarder et de questionner cette incapacité à finir, à clore, il la déplaçait vers l'extérieur, le différent, l'autre.

Ce rejet le divertissait de son impuissance.

« On » l'avait sous-estimé, « on » l'avait empêché, « on » ne l'avait pas aidé. « On » lui permettait de ne pas saisir ses propres limites.

En grandissant, je me suis construit contre cette colère, contre cette amertume.

Tout jeune, je me souviens, mon frère vomissait beaucoup, tout le temps, si bien que mes parents avaient fini par le nourrir de biberons d'eau et de grenadine.

Chaque fois, c'était mon père qui nettoyait. Nous autres affichions une mine dégoûtée, ma mère disait ne pas supporter l'odeur et allait s'enfermer dans sa chambre, ma sœur en avait des haut-le-cœur. Mais mon père, lui, nettoyait sans laisser transparaître le moindre mouvement de recul.

Qu'importait alors son incapacité à faire aboutir ses projets, à les mener à exécution, j'admirais cette puissance du quotidien. Son rôle de père l'immunisait contre l'odeur de vomi.

De la même façon, je ne l'imaginais en prise avec aucune fatigue. C'était lui qui venait nous rassurer la nuit, quand nous nous réveillions. C'était aussi lui qui nous emmenait à nos activités le week-end ; il ne ressentait ni l'ennui ni les mauvaises odeurs, le froid ou le chaud.

Mon père était là, en gros plan. Ma mère, elle, était en travelling contrarié. Une image qui semblait s'éloigner chaque fois qu'on s'en approchait. Son absence rendait mon père indispensable. Sa fragilité le rendait dur. Son déséquilibre le rendait droit.

Alors, certes, la cuisine n'était pas parfaite, les graviers de l'allée pas suffisants pour mener jusqu'à l'entrée, sa société complètement écroulée, mais il était entièrement présent à nous. Un père et ses trois enfants.

Il y a quelque temps, Melvil a fait son premier vomi. Pas le surplus des nourrissons, non, le vrai. Des betteraves, des coquillettes, des saucisses et une banane. J'attendais ce moment avec impatience.

Tandis qu'il me regardait d'un air désolé, je lui répondais : ça n'est pas grave, je vais tout nettoyer. Je suis allé chercher une éponge chaude et du Sopalin avec la fierté d'un homme qui se prépare enfin au combat.

Je n'ai ensuite ressenti aucun dégoût, aucune gêne, aucun doute. J'ai tout lavé, j'ai sorti le tapis de la chambre, je l'ai changé, je l'ai embrassé et je m'en suis senti fort.

J'ai longtemps chéri ce père de l'intérieur. Je l'ai admiré, j'ai voulu lui ressembler. Je le trouvais beau, avec ses cheveux noirs et fins, son visage dessiné, cette ombre portée sur ses yeux quand il fronçait les sourcils, ses joues creusées, son menton décidé. Il avait un visage marin.

Je me souviens aussi de ses épaules larges, de ses mains épaisses et de ses doigts qu'il rongeait. Les ongles de ses pouces étaient déformés et jaunis. Son index et son majeur étaient brunis par les cigarettes qu'il fumait sans discontinuer. Il les pressait juste au-dessus du filtre et ne les consumait qu'à moitié. À peine écrasée, il en allumait une autre.

Sur toutes ses photos de jeunesse on le voyait un filtre aux bords des lèvres. Il portait des jeans moulants, des polos ajustés. Il était en mouvement. Il souriait.

Lorsque j'ai commencé à fumer, je volais ses mégots dans les cendriers. Je fumais ses restes, ceux des Dunhill International.

Je ne garde que peu d'odeurs de mon enfance, hormis celle de la cigarette. Je ne la supportais pas ; je me suis longtemps raconté que c'est d'ailleurs pour ne plus la sentir que j'ai commencé à mon tour.

Un seul endroit la transformait. Là-bas elle changeait de nature. Elle n'encombrait plus. Au contraire, elle devenait l'odeur de la liberté, du temps volé à l'ennui, à la banalité du quotidien. C'était un monde qui s'ouvrait le samedi matin. Nous sommes avec ma sœur, mon père et moi sur le chemin de l'école.

On s'arrête au café pour acheter un paquet. Le carrelage en mosaïque vert et gris chuchote sur notre passage.

Union est le magazine érotique de ces années. Sa une se cache à peine sur les étals. On voit encore des seins nus à la télévision. Les vibromasseurs de la Redoute se présentent comme des stimulateurs pour la peau du visage.

C'est juste avant l'avènement du plastique. Pamela Anderson en sera l'apogée et la chute. Beauté masturbatoire et échancrée.

Il y a des croissants sur le zinc, mais je choisis toujours les tartines. Le goût du beurre tartiné en paquets. Mon père fume.

L'odeur de sa cigarette se marie parfaitement avec celle du chocolat chaud que boit ma sœur.

Avec Melvil, nous allons souvent dans un bistro qui s'est évertué à reproduire ce que je connaissais de mon café d'antan. Je joue à faire comme mon père. Je bois du café et je fume des cigarettes.

Devant la maison, je me revois courir pour ouvrir les portes du jardin, afin que mon père puisse sortir la voiture et nous emmener à l'école. Il faut retenir le chien pour ne pas qu'il s'échappe.

Se rappeler la voiture ; chaque objet traîne des souvenirs comme une écharpe qu'on détricoterait.

La nôtre ne ressemblait à aucune. Ou plutôt si, elle était comme toutes les autres : une Peugeot 505, un gros rectangle d'acier aux phares jaunes et aux portes qui grincent.

C'était sa couleur qui la distinguait entre toutes : cuivre ou une sorte d'orange fainéant que les années passées depuis son acquisition avaient fini par assoupir complètement. Quelques éclats métallisés rappelaient son lustre passé.

Un jour, mon père était revenu à la maison avec, la fierté se lisait sur son visage. C'était une berline, le plus gros model de chez Peugeot. Il avait eu un prix. Personne n'avait voulu de cette couleur et les pluies acides de l'hiver 1989 avaient rongé la carrosserie de ce véhicule, resté trop longtemps sur ces grands parkings de banlieue parisienne où les voitures neuves sont rangées en épis, comme dans un champ d'acier.

La rouille s'accordait plutôt bien à la couleur d'origine, ça lui donnait des airs de Poil de Carotte. Je crois que dans le quartier personne n'avait remarqué que nous possédions le vaisseau amiral de chez Peugeot. Mais tout le monde avait vu que nous avions une voiture orange avec des taches de rousseur.

Comme pour justifier que ce choix n'en était pas un par défaut, mon père a d'ailleurs passé sa vie à acheter des voitures aux couleurs improbables, la suivante était vert olive gâtée, une autre bleu prune, la dernière rouge bordeaux délavé. C'était sa seule fantaisie.

Ma mère, elle, ne la conduisait pas. Elle n'avait pas de direction assistée et il fallait des bras de camionneur pour la manœuvrer.

Elle a voulu une fois, et Poil de Carotte est partie à la casse.

Cet après-midi-là, je crois, nous sommes ma sœur et moi à la maison en train de jouer. C'est peut-être un mercredi ou les vacances. Mon père est au travail, ma mère au lit.

À un moment, elle se lève et nous l'entendons tituber jusqu'à la voiture. Mon père a emprunté la sienne – il n'a pas assez d'essence pour aller au bureau. Nous entendons claquer les portes grinçantes. Sans rien dire, elle nous laisse là, avec ma sœur et ce sentiment qu'il faut s'attendre au pire.

Je m'en souviens comme si elle était pour toujours restée enfermée là, derrière ces hauts murs. Cette attente de mon enfance, respirant un air saturé d'appréhension, parlant la langue des faux-semblants.

Cette peur me paralysait. J'étais comme extérieur à moi-même. Je regardais d'en haut celui qui faisait comme si ça n'existait pas, j'étais dissocié.

Je pensais que jamais cette peur ne me quitterait, qu'on ne pouvait pas vivre sans. Puis je suis devenu adulte et ce sentiment n'est revenu que récemment. Quand Hélène est partie, j'ai tout fait pour que Melvil n'éprouve jamais ça.

Quelques heures plus tard, ou peut-être quelques minutes, ma grand-mère est venue nous chercher. Ma mère avait eu un accident. Ça s'était passé juste là, au bout de notre rue. L'angle du virage était supérieur à quatre-vingt-dix degrés et elle n'avait pas réussi à tourner suffisamment vite le volant.

Elle était rentrée dans un arbre, le premier qui bordait le trottoir d'en face, à cent mètres à peine de la maison. Elle n'avait pas mis sa ceinture et s'était blessée au front. Elle en avait gardé une cicatrice toute sa vie.

Ma mère avait le visage de son époque. Quand elle allait bien, elle avait celui de Marlène Jobert en photo dans *Paris Match*. Elle devenait cette chanson de Julien Clerc, *Souffrir par toi n'est pas souffrir*[3].

Cette beauté discrète, cette tristesse diffuse, ce souffle qui vous porte malgré tout, l'impression de quelque chose qui passe trop vite.

Cette époque était maintenant révolue. Avec sa gribouille au milieu du front. Comme un morceau de terre pour rallier les deux pôles de ma mère – bipolaire.

Ces deux continents à la géographie très différente, deux entités géologiques distinctes dont les frottements faisaient trembler notre petite planète.

Quand ça n'allait pas, ma mère se transformait en cette chanson de William Sheller, *Maman est folle*. On n'y peut rien. Il y a ce texte qui pèse, l'idée d'un bonheur passé, cette mélancolie qu'on masque derrière les mots, cette mélodie à laquelle on se raccroche pour ne pas entendre le reste.

Je regarde l'arbre. Il se porte bien, la trace du choc a disparu aujourd'hui et ma mère est morte depuis.

Mais c'est ce jour-là, après l'accident, qu'on a su que tout finirait mal.

Melvil me prend par la main. Il veut ramener papa à la maison.

7.

Juillet 2018

Je m'approche du lit. Il est déjà réveillé. Je lui demande s'il a bien dormi. Il me dit « non ». Il est encore en sueur, encore ailleurs, il me regarde comme un étranger.

Tu as fait de mauvais rêves ? « Non. » On se lève ? « Non. » Et dans le même élan, il me tombe dans les bras, pose son nez contre mon cou. Sa tête est encore moite, il sent la nuit. Il sent l'ail aussi. Probablement le fromage aux herbes qu'il a ingurgité hier par tartines entières.

J'adore son odeur du matin. C'est une odeur au présent. Ça sent le jour qui se lève. Quelque chose qui recommence à zéro. C'est sucré, chaud et aillé. Chaque jour, je le sens, je le renifle même, partout, consciencieusement. Comme pour sentir que moi aussi j'ai droit à une journée qui ne soit pas que la veille ou le lendemain d'une autre. Moi le matin je sens le doute, le manque de sommeil et la cigarette.

On va aller sur le pot? «Non.» À chaque non supplémentaire, je comprends que c'est une journée où il ne me fera pas de cadeau. Parfois les enfants sont comme ça. Les parents aussi. Certains jours, je le gronde sans véritable raison, juste pour me décharger de quelque chose, seulement parce que j'ai besoin de cette confrontation. Le sentir contre moi puis le serrer contre moi.

Comment aimer ce qu'on n'a pas au moins un jour détesté? Je me dis qu'il fait pareil.

Pain au chocolat? Tartine de confiture? Verre d'eau? Promenade? Petites voitures? Dessin? «Non», «non», «non», «non», «non» et encore «non». Il me teste. Il veut que je craque. Je garde mon calme.

La matinée avance, il accompagne ses «non» de gestes. Il tape du pied. Il jette sa voiture. Je lui dis non moi aussi. C'est ce qu'il attend. Il continue. Ça n'est pas un jeu. C'est autre chose. C'est plus violent.

Une fois le déjeuner passé – il dit non pour les coquillettes au beurre qu'il engloutit sans mâcher –, c'est l'heure de se coucher. Je suis fatigué déjà. Je me dis que le repos lui fera du bien. Que le lit me le rendra comme un matin. Un matin où il aurait envie de dire oui.

Mais il est agité, ne dort pas. Il n'a pas fait de sieste depuis le début du séjour. Nous sommes le cinquième jour des vacances.

Le cinquième jour, c'est inutile. Ce n'est pas une constatation, pas une théorie, c'est une loi universelle. Lors d'un séjour en famille de dix jours dans une destination touristique donnée, quelle qu'elle soit, on veut toujours être chez soi ce jour-là. C'est incontestable.

Le premier jour c'est l'arrivée, on découvre, on est occupé. Puis vient le temps de s'habituer, il y a la nouveauté, on boit du café, on mange des pains au chocolat. Après le cinquième, on peut se rassurer en se disant qu'on a fait déjà la moitié du chemin. Qu'il ne reste plus que quatre jours avant de rentrer.

Melvil continue d'appeler à l'étage. Je crois qu'il ne dormira pas. À quatorze heures, je me dis qu'il vaudrait mieux sortir. La plage est juste en bas.

La baie est magnifique sous un ciel blanc. Le vent se brise sur les falaises de Saint-Valery-sur-Somme. Depuis le jardin en haut on n'en reçoit que les éclats.

La sœur d'Hélène et sa mère nous accompagnent. Tout le monde est d'accord pour descendre. Les enfants ont cru apercevoir des phoques qu'ils veulent voir de plus près.

Je monte le chercher.

Tu veux aller te promener ? « Non. »

On arrive devant le grand escalier qui descend à la plage. Le vent souffle, on a pris les vestes. La descente est abrupte.

Dès la première marche, je sens dans mon dos cette force qui me pousse. J'ai envie de dévaler les marches, deux à deux. Me laisser griser par la vitesse, me laisser porter par la légèreté.

Melvil me tient la main.

Course ?

« Course ! »

Premier sourire de la journée.

Je l'entends exploser d'un rire de bébé, celui qui vient de la gorge, comme un hoquet. Il me tient la main si fort, pourtant je ne sens pas son poids. Il n'a plus de corps. Il n'est plus trop petit, trop timide ou trop sensible. Il n'est plus que vitesse.

Brusquement, nous sommes en bas du long escalier. D'ici, il paraît immense. Il ressemble à une route de montagne avec des virages en épingle. On s'attend à voir des coureurs du Tour de France y défiler.

Melvil veut immédiatement remonter, pour recommencer. Il n'en est évidemment pas question. Je dis « évidemment » et réalise en l'écrivant combien ce genre de phrase n'a pas de sens.

Pourquoi «évidemment»? Car se promener c'est aller d'un point A à un point B puis revenir du point B au point A? Car ça n'a pas de sens de monter et descendre un escalier autant de fois qu'il le faut pour en avoir assez?

Je n'ai pas plus que lui envie de me promener sur la plage. Je n'ai pas moins que lui envie de remonter pour redescendre. Pourtant il faut rejoindre les autres.

Parce qu'on va nous attendre? Parce qu'on est là pour se promener? Parce qu'il faut bien profiter de la plage? Je n'en sais rien mais je hausse le ton. Il plie.

J'ai apporté le saut, la pelle et le râteau.

«Non.»

Le ballon.

«Non.»

Alors occupe-toi tout seul.

Je pars jouer aux raquettes de plage. Le vent écourte nos échanges. Je le vois qui s'agite un peu plus loin tandis que sa grand-mère essaie de le calmer. Je m'approche. Hausse le ton. Plus fort encore.

Son visage rougit. Il se met à pleurer. Il court vers la mer. Je le retiens. Il s'échappe. Tape du pied. Le vent souffle plus fort. Il ne laisse pas de répit, il emporte tous les sons avec lui.

Je suis muet. Il est sourd.

Je le prends brutalement dans les bras. Je sens la colère qui monte de plus en plus fort. Je l'entends battre en moi. Elle me crie les mots que je vais lui hurler plus fort, pour la faire taire.

Il pleure.

Je remonte deux par deux les marches de l'escalier de la plage. Ça me semble durer si longtemps.

Elle est toujours en train de me hurler dessus. Tu ne dois pas faire ça. Tu es un mauvais garçon. Je n'entends rien d'autre. Je suis essoufflé.

Le vent se brise sur la falaise. Là-haut, il ne nous parvient que par éclats. Je crois qu'il l'entend lui aussi. Au moins en écho.

Il commence à avoir peur. J'ai peur moi aussi.

À la maison, je l'emmène directement dans sa chambre. Le pose les deux pieds sur le parquet.

« Tu restes là et tu m'appelles quand tu es calmé ! »

Je claque la porte. M'assois contre elle. La colère se tait. Ou plutôt non, la colère ne se tait pas, je l'entends encore, en sourdine. Elle est restée avec lui, là, de l'autre côté.

Comment puis-je laisser un enfant enfermé avec un monstre comme ça ?

L'impression que cette rage ne m'appartient pas, essayer de m'en débarrasser, me demander d'où elle vient. Et revoir mon père, derrière ses volets.

Ressentir sa colère comme s'il me l'avait donnée ce jour-là, l'éprouver comme une malédiction.

C'est quelques jours après l'accident de ma mère. Nous sommes dans sa voiture. Il nous arrête devant un pavillon de briques. Elle est assise sur son lit. Son sac est prêt. Nous lui sautons tous les trois dans les bras. Elle n'a pas la force de nous soulever. Mon père lui passe son manteau.

De ce retour, j'ai le souvenir d'une vie qui bascule. D'un père qui bascule. Nous étions aux petits soins avec elle. Nous lui apportions son petit déjeuner au lit. Mais cela n'a pas suffi. Elle voulait partir, le laisser. Laisser tout derrière elle.

Il a donc fallu solder les comptes. Vendre tout ce qui était vendable puis tout couper en deux, comme on le ferait avec un abricot, en jetant le noyau à la poubelle. Cette maison qui devait inscrire dans la pierre l'histoire de notre famille en deviendrait le tombeau.

Je tenais absolument à assister aux visites des agents immobiliers chargés de liquider notre faillite. Nous avons reçu le premier, ma mère et moi. La visite s'est faite au pas de course. Je les ai suivis dans chacune des pièces. J'avais envie de pointer chaque détail, de raconter chaque amélioration, de dire à quel point cette maison était aimable et qu'elle avait la valeur de quelque chose qu'on a aimé.

Je n'ai rien dit. L'homme n'avait rien d'autre à demander que la taille et le nombre des pièces, que l'exposition et le vis-à-vis, comme si tout se résumait à un nombre de mètres carrés et de salles d'eau.

On est redescendus dans le salon. Il s'est assis à la table. Il a posé sa mallette en cuir noir sur la nappe de lauriers fleuris. Il en a sorti un stylo à la plume dorée, une calculette de comptable et une feuille blanche sur laquelle il a gribouillé une addition. Il a pris un air concerné, il a marmonné des chiffres les uns après les autres, il a tapoté sur sa calculette, et il a fini par avoir l'air satisfait du résultat qu'il avait obtenu.

Il s'est tourné vers ma mère qui avait allumé une cigarette. Elle lui soufflait ostensiblement sa fumée au visage depuis qu'il avait commencé à griffonner son papier. Il avala une dernière bouffée de son mépris avant de nous annoncer fièrement le prix de notre vie : 2 565 000 francs.

Ça sonnait comme un prix de supermarché, qui évoquait un bon rapport qualité-prix. Ça m'a fait tourner la tête. Je me disais que, après avoir vendu la maison, mes parents seraient riches. Il n'en a rien été.

Ma mère m'a dit : « Il faut prévenir ton père. » J'ai insisté pour le faire. Je lui ai indiqué la somme comme on annonce qu'on a gagné à la loterie. Il m'accueilli froidement. Je venais de lui annoncer son prix. Ce qu'il valait en tant qu'homme, c'était cette maison.

Les visites ont duré plusieurs semaines puis on a fini par la vendre. Mon père est allé de son côté. Ma mère nous a emmenés avec elle chez sa mère.

Le temps s'est dissocié. Celui de ma mère, le nôtre, a continué d'avancer. Celui de mon père s'est arrêté là, comme s'il avait laissé son âme dans la maison, n'emportant que sa rage avec lui.

Il y avait dans le jardin de ma grand-mère paternelle une balançoire double. C'était une petite nacelle en plastique jaune avec des sièges de part et d'autre qui se faisaient face. Nous nous installions ma sœur et moi chacun de notre côté.

Nous imprimions tour à tour une impulsion à cette nacelle qui montait de plus en plus haut à chaque mouvement. Il y avait une sécurité pour éviter que la balançoire ne fasse un tour complet sur elle-même. Une sorte de morceau de plastique qui faisait un grand clac quand on l'atteignait.

Le jeu consistait à être le premier à déclencher ce clac. La séparation de mes parents ressemblait à ce jeu d'enfants, jusqu'au clac que ma mère a fait retentir en premier.

Je n'ai jamais vraiment su ce qui s'était passé. Il me semble que nous revenions d'un week-end chez mon père. En entrant, il y a cette odeur particulière. L'odeur de ma mère dans ces moment-là. Une odeur qui me prenait à la gorge et que j'avais appris à reconnaître dès que je passais la porte – un mélange de renfermé, de cigarette, d'alcool et de draps chauds.

Ça imprègne les murs et les tissus, ça entre dans les sinus et ne lâche plus, puis ça s'installe là, dans l'estomac, ça donne envie de vomir, de partir. L'odeur d'une vie en décomposition.

Mon père nous a jetés de sa voiture, avant de repartir en trombe. Quelques instants plus tard, il revient. Il sonne à la porte, ma mère me crie depuis sa chambre de ne pas ouvrir. Il finit par sauter le portail que j'aurais aimé voir hérissé de pics et de barbelés. Il s'approche de la porte et frappe si fort qu'on sent le sol vibrer.

Il fait le tour de la maison et se tient devant la fenêtre de la cuisine. Nos regards se croisent mais je comprends qu'il ne m'a pas vraiment vu. Il voit à travers moi. Je suis transparent. Une marche de plus dans l'escalier qui le mènera à ce qu'il convoite.

Moi, je voulais l'aimer encore. Il m'a appelé. Il a pris une voix plus douce, comme le loup des frères Grimm ; je suis un des sept chevreaux. Il me demande de lui ouvrir, me dit que c'est « maman » qui lui a demandé de venir. Ma mère continue de me hurler de ne pas le laisser entrer.

Je ne suis plus qu'une chambre d'écho. Ils se parlent l'un l'autre à travers moi. Mon père continue son tour pour vérifier que nous n'avons pas laissé une porte ou une fenêtre ouverte. Il tambourine à la baie vitrée. Ma mère m'ordonne maintenant de fermer les volets. Tous les volets.

Le cœur battant, je cours le plus loin possible de lui et je me mets à l'œuvre. Il y a tellement de fenêtres et tellement de volets ; la tâche semble interminable. Nous sommes presque dans le noir. Je l'entends en sourdine implorer ma mère depuis le jardin. Lui dire qu'il l'aime et qu'elle a besoin de lui. Lui dire dans la même phrase qu'il la hait et qu'elle l'a trahi.

J'arrive au dernier volet. Celui devant lequel il est posté. Je prends dans mes mains la manivelle et l'observe. Il se tait. Il me laisse à ma responsabilité. Après tout, je suis seul face à ce choix : pas entre lui et elle, non. Ce jour-là, j'ai choisi le temps dans lequel je voulais vivre.

Mes poignets ont commencé à tourner. Comme on demande une dernière grâce à son bourreau, il m'a dit tout bas que ce n'était pas de ma faute. Puis le coup est tombé. J'ai baissé les volets de mon enfance sur l'image de ce père déshérité. Il n'aura jamais d'autre vie que celle dont je venais de lui refuser l'entrée.

La pièce est maintenant dans un noir presque total. De ces noirs tellement noirs qu'on a l'impression de tout voir clairement. Comme si le néant était impossible et que de cette impossibilité naissait invariablement la lumière.

Pour la première fois, j'imagine aujourd'hui mon père derrière ses volets. Je l'imagine se détester, détester cette colère qui l'habite. Pour la première fois aussi, je la comprends et la pardonne.

Je comprends l'abandon et sa fragilité. Je me souviens maintenant que mon père a aimé. Et qu'il n'a jamais pu vivre sans cet amour.

J'ai hérité de cette quête d'absolu. De cette condamnation à l'échec. Au fond, nos chagrins se répètent. Nous nous y sommes enfermés de la même façon, car ni lui ni moi n'avons su vivre autrement.

Je le pardonne aujourd'hui pour me vider de ce malheur. Je viens de ça, de lui et je l'ai aimé malgré tout. Je suis le fils de mon père. Son histoire, une partie de son histoire, m'appartient désormais.

Les mois suivants, mon père s'est établi dans cette souffrance. Il a fait son nid. Il y a eu des allers et retours. Après la séparation, comme un vautour autour d'un amour agonisant, mon père guettait l'appel au secours que ma mère lui lançait chaque fois que sa vie pesait trop lourd, puis il s'installait à côté de la carcasse.

Il était là dès que ma mère n'allait pas ; souvent, donc. Il y avait chez elle quelque chose de brisé, qui ne se répare pas. Un verre cassé sur lequel on s'entaille les pieds car personne n'a voulu en ramasser les morceaux éparpillés.

La bipolarité a cette perversion de laisser exister l'espoir. Chaque fois que ma mère revenait, les bottes encore crottées de la terre sombre de la dépression, les traits tirés par la fatigue du voyage, c'était une nouvelle vie qui commençait. Elle agissait comme si elle n'était jamais partie, jamais revenue, comme si ces journées passées dans son lit avec une bouteille de gin n'avaient pas existé. Elle s'adressait à nous, à mon père, comme si nos vies s'étaient arrêtées en même temps que la sienne, et elle avait raison. Nos vies s'arrêtaient puis elles se suspendaient en attendant la rechute.

Ces temps suspendus avaient la légèreté des débuts de vacances. Ma mère se maquillait dans la salle de bains. Elle mettait du rouge Coco sur ses lèvres effilées. Un trait de mascara sur ses cils qui s'ouvraient sur un regard émeraude et translucide comme une rivière de montagne un matin au printemps. Elle était belle. Elle mettait en place sa chevelure frisée de ses doigts dont le vernis écarlate s'accordait parfaitement avec sa blondeur vénitienne.

Elle avait un sourire clair et ses talons tapaient le sol au rythme de ces femmes toujours occupées. On ne se préoccupait de rien. Les journées passaient. Le soir, les cris cessaient.

Puis un jour on rentrait, il y avait cette odeur de renfermé, la télévision était allumée. Ma mère nous avait déposé à l'école puis était rentrée. Elle avait enlevé son rouge Coco et ses yeux émeraude. Elle avait ouvert une bouteille de gin et en avait caché un peu partout dans la maison. Elle avait pris soin de faire des stocks d'antidépresseurs et s'était allongée.

Aujourd'hui, j'ai beau chercher, je ne me souviens pas du goût des baisers de ma mère. Je ne me souviens pas de son odeur, de sa chaleur, je ne me souviens pas à quoi ça ressemblait quand elle nous prenait dans ses bras.

En sera-t-il de même pour mon fils ? Quand je songe aux moments les plus tendres de mon enfance, je pense à mon pyjama.

Ce jour-là, je réalise que Melvil ne connaîtra jamais ce grand-père, ni cette grand-mère. Ils ont disparu dans leur tragédie, de laquelle nous, les enfants, étions simples spectateurs.

En 2005, ma mère est partie dans un de ses cycles dépressifs habituels. Elle a mélangé alcool et médicaments. Elle s'est endormie avec sa cigarette allumée. Son lit a pris feu.

Elle était tellement anesthésiée par les antidépresseurs, les somnifères et le gin qu'elle n'a pas pu bouger. Elle s'est vue brûler vive sans rien pouvoir faire.

Elle n'est pas morte tout de suite. Elle a été emmenée à l'hôpital et les médecins nous ont dit qu'elle était brûlée à 95 %. Seul son visage était intact ; tout le reste était noir sous les bandages.

Nous n'avons pas pu lui parler. Les médecins nous ont néanmoins juré qu'elle ne souffrait pas et nous avons fait semblant d'y croire.

Je me souviens du bruit sourd des appareillages. Mes derniers instants avec elle sont au travers d'une vitre – comme avec mon père, derrière les fenêtres.

Puis un soir ma sœur m'a appelé : les médecins l'avait informée qu'elle allait probablement mourir dans la nuit.

« Tu veux venir ? »

Je n'y suis pas allé. Je n'ai pas eu le courage.

Je suis resté dans les bras d'Hélène et j'ai remplacé la colère par l'amour.

J'ai fait mon possible pour oublier, là déjà, les circonstances et accepter sa mort.

Me souvenir de cette phrase du premier livre : « La mort attendait sa mère ce soir-là, eux n'étaient que ses ambassadeurs. » Comprendre d'où elle vient et se dire qu'elle vaut aussi pour elle, ma mère. Melvil et moi portons cette même blessure.

Je ne sais plus combien de temps a passé. Peut-être une minute, peut-être dix. Je ne l'entends plus, ni Melvil, ni la colère.

J'ouvre la porte. Il est exactement à l'endroit où je l'ai posé. La bouche fermée. Les yeux ronds. Je ne dis rien, mais je suis désolé.

Je lui retire son blouson, ses chaussures, son pantalon. J'enlève mes chaussures aussi.

On s'allonge dans le lit. Il prend mon visage pour le coller contre le sien. J'aimerais qu'il me dise que je n'ai rien fait de mal. Que tout va bien.

Il se retourne, ferme les yeux et s'endort dans un soupir.

La tempête des fantômes nous a laissés échoués dans le lit, les volets fermés.

8.

Septembre 2018

On est arrivés les premiers. Comme indications, par message, mon frère m'a écrit : « C'est le même hôpital où papa est mort. » « Quand tu arrives dans le hall, tu continues le couloir tout droit, il y aura des ascenseurs sur ta gauche et tu vas jusqu'au troisième étage. On vous attendra là-bas. »

C'est la fin des vacances, l'air devient plus léger, le soleil est toujours bien là mais se fait plus discret, le matin et le soir surtout. La journée, on ne se cache plus de lui, on lui fait face, il ne pèse plus.

En y allant, nous sommes repassés devant la maison. C'était sur notre chemin et à quelques minutes à peine de l'hôpital. Elle est bien plus belle à la lumière d'août. Les volets sont fermés.

Elle est inhabitée, mais semble pourtant bien vivante. Le jardin pousse comme il le souhaite. On imagine la chaudière ronronner à l'intérieur en attendant le retour de ses maîtres. Un robinet qui goutte et dont il faudra s'occuper en revenant. Des sourires qui prennent la poussière sur une table de nuit qui retrouveront leur éclat sitôt qu'on posera les yeux dessus.

Aucun bruit ne s'en échappe. Ni les plaintes de ma mère, ni les cris de mon père, ni les aboiements du chien ou les mines déconfites de ma sœur et moi. Ça fait du bruit les mines déconfites. Un son grave, comme étouffé. Là, rien.

Quelques oiseaux piaillent et une tondeuse à gazon vrombit au loin. Il n'y a plus de signes de notre passage. Mes fantômes ont quitté ce lieu pour toujours. Ils ont retrouvé un visage, une identité, une place chez moi, chez nous.

Mon frère et ma sœur sont restés vivre ici. J'ai d'abord cru c'était un signe de lâcheté, de manque d'ambition, d'étroitesse de vue de leur part. Grandir, devenir adulte, vieillir et mourir à l'endroit où on est né me semblait être le destin de ceux qui n'en avaient pas.

Je ne comprenais pas comment ils avaient pu vouloir rester là, juste à côté, comment ils pouvaient accepter de ne pas écrire leur propre histoire loin, ailleurs.

On s'est parfois affrontés. Ils sentaient l'aversion que j'avais pour cette vie-là, ils me reprochaient de venir donner des leçons et de partir aussitôt sur un coup de tête, ils m'en voulaient de bazarder d'un geste de la main ce qu'ils avaient patiemment rangé, trié, ordonné.

Je me suis longtemps senti incompris jusqu'à ce que j'accepte que l'incompréhension venait de moi. Qu'elle et lui, ma sœur et mon frère, avaient avancé là où j'avais fui.

Je vois aujourd'hui le temps perdu et je ne regrette aucune de ces secondes passées loin de moi-même. Je vois aujourd'hui le temps qu'il reste et je veux les rejoindre là où ils m'attendent.

Nous arrivons sur le parking. Rien n'a changé pourtant ce n'est plus le même endroit. Ma première visite dans cet hôpital remonte à la mort de ma grand-mère. La mère de mon père. Elle revenait de chez sa sœur, à pied, et elle est tombée comme ça, rupture d'anévrisme, sur un lit d'herbes qui bordait le trottoir, son sac dans les mains. On a demandé aux enfants s'ils voulaient voir le corps. Ça m'a surpris d'abord. Qu'on puisse aller voir le corps d'un mort. Les seuls cadavres que j'avais jamais vus étaient ceux des séries télévisées. Je me souviens parfaitement de celui de Laura Palmer, dans *Twin Peaks*. Je me figurais donc ma grand-mère, allongée sur le dos, nue, la peau bleutée et les cheveux mouillés rabattus en arrière. J'imaginais l'odeur de la décomposition.

J'ai dit que je voulais y aller. Ma grand-mère n'était ni nue ni bleutée, elle n'avait pas les cheveux mouillés. Il n'y avait pas d'odeur particulière dans la chambre. Aucune musique sombre n'avait été composée pour ce moment où je la découvrais morte.

Elle était simplement allongée, son corps n'était pas froid, sa peau était encore rosée, ses cernes étaient un peu plus gris qu'à l'habitude mais elle n'avait pas changé. Je suis resté un moment avec elle. Je me suis dit que peu de choses nous séparaient. Quelques grammes d'oxygène, quelques litres de sang, quelques machineries internes qui avaient cessé de fonctionner. Que la frontière entre la vie et la mort n'était pas infranchissable.

J'ai pensé qu'un jour je serais à sa place, qu'elle avait l'air bien, que ça ne serait pas si grave.

C'est un bâtiment moderne construit autour d'un bâtiment ancien, si bien qu'on passe d'une époque à une autre en quelques pas. Du hall d'entrée vitré, climatisé, aseptisé à un couloir plus sombre, au carrelage blanc à petits carreaux, égayé par quelques touches de marron foncé.

Melvil me tient la main au moment d'entrer dans un ascenseur immense à la sonorité inquiétante. Il est en short et en sandales, il a le teint vacancier et des jeux de mots plein la bouche.

Je lui dis d'appuyer sur le bouton du troisième étage. Quand les portes s'ouvrent, mon frère est planté là avec un sourire qui se prolonge au coin de ses yeux. Je l'embrasse et le serre aussi fort que je le peux, jusqu'à ce qu'un petit gémissement me signale que c'est assez. Il a les épaules basses et le dos légèrement courbé, la mine défaite et l'odeur de la veille, il est fatigué, vieilli d'un coup, comme si instantanément, en une nuit, il était passé d'un âge à un autre.

Il se plie douloureusement en deux pour embrasser Melvil. Celui-ci lui caresse la barbe, c'est un signe de reconnaissance entre eux – il n'a pas vieilli tant que ça finalement, il a toujours l'âge d'être mon petit frère. L'âge d'être celui pour qui on s'inquiétait, qui faisait des caprices. Celui qui faisait des bêtises. Celui que je suis allé chercher au commissariat quand mon père n'avait pas le courage de le faire. Celui que j'ai rabaissé pour m'affirmer. Celui qui m'a tout pardonné. Celui qui tient l'ensemble. Le point de rencontre des forces telluriques qui ont fait vaciller notre famille.

Il n'y a plus rien aujourd'hui entre nous que la joie de se retrouver. Il nous emmène par un couloir jusqu'à un salon d'accueil. Son épouse est assise là. Elle a l'air exténuée. Les traits tirés. Je l'embrasse, lui dis que j'ai oublié son cadeau. J'oublie toujours les cadeaux. Je les achète très en avance pour ne pas être pris au dépourvu, puis le jour venu, je n'y pense plus, je les donne quelques semaines ou mois plus tard quand ils ne font plus aucun effet.

Je lui murmure que j'ai pensé à elle, que je lui ai pris des soins. Elle tire vers moi une petite boîte en plastique montée sur roulettes. Elle annonce : « Mia, je te présente tonton Antoine et ton cousin Melvil. »

Mia dort. Mia est rouge comme une griotte. Mia a des joues comme des abricots. Mia a la tête en cône. Comme un chapeau d'Auguste qui lui pousserait à l'intérieur du crâne. Mia a la bouche rose et les jambes repliées sur elles-mêmes. Mia pèse deux kilos huit cents grammes.

Lorsque mon frère est né, j'avais sept ans, mon père m'a proposé de le prendre dans mes bras à la maternité. J'ai refusé. J'ai dit que j'avais peur de le casser. Ça me paraissait si fragile. C'est si précieux. C'est si lourd. Un bébé pèse le poids de la promesse qu'il porte. Promesse de paix, promesse de renouveau, promesse d'éternité.

Le seul que je n'ai pas hésité à porter, c'est Melvil. Je ne crois pas à l'instinct, qu'il soit paternel ou maternel, je crois plutôt pour moi que c'était une question de conscience, une conscience instantanée de la responsabilité, qu'il n'y avait qu'Hélène et moi pour défendre ce corps sans défense, que je ne pouvais pas me défiler.

J'ai peur quand elle atterrit dans mes bras. Peur de ne plus savoir comment faire déjà. Mais je retrouve tout de suite mes réflexes. Je demande avec le ton de celui qui est déjà passé par là comment s'est passé l'accouchement.

Voie basse ? Combien d'heures ? Plus doucement, je demande : épisiotomie ? Forceps ? Je me renseigne sur ses premières heures. Les premiers pleurs ? Le méconium ? La première tétée ? Chambre individuelle ou pas ?

Je passe tout en revue. Je prends le temps de l'observer. Une vie en entier.

Je me souviens, c'était quelques jours après l'accouchement. Nous étions rentrés à la maison, Hélène, Melvil et moi. J'étais assis dans le canapé, il était allongé dans mes bras en train de téter le biberon que je lui donnais, Hélène était dans la cuisine juste derrière. Nous discutions puis je me suis tu. J'ai senti monter en moi quelque chose sans savoir ni ce que ce c'était ni pourquoi ça venait à cet instant-là.

J'ai commencé à pleurer. Je n'ai plus pu m'arrêter. J'ai pensé à ma mère, à mon père, à Melvil qui était là, à Hélène aussi. Il s'est immédiatement arrêté. Il s'est arrêté, m'a laissé le temps de finir, et a repris son déjeuner.

Il m'a simplement laissé le temps de pleurer. À vrai dire, il m'a laissé tout le temps de pleurer. Le temps que je n'aie plus de larmes. Le temps que je sois vidé. Il m'a laissé le temps de pleurer et je l'ai utilisé à autre chose, à écrire, à sortir, à nous amuser. On a fait tellement de choses ensemble. On s'est dit : ce n'est pas grave. On s'est dit : on va s'en sortir. On s'est dit : la vie va continuer.

On est allés au parc. On est allés à l'aquarium. On est allés au zoo. On est allés à la fête foraine. On est allés dans les bois de mon enfance. On est allés devant la maison. On est allés là où on s'est rencontrés. On est allés sur la tombe de sa mère à nouveau. On a pris le temps de pleurer. On s'est laissé le temps de ne plus avoir de larmes. D'être vidés. On s'est réconciliés avec le temps, avec la mémoire, avec notre histoire. On s'est dit : on est des aventuriers et on est repartis à l'aventure.

Melvil me demande de la reposer. Il m'affirme que Mia ne va pas venir vivre à la maison. Non, je lui confirme, en précisant cependant que, un jour peut-être, lui aussi aura une petite sœur ou un petit frère.

Nous accompagnons mon frère prendre un café dehors. Nous nous quittons avec des projets de sorties en commun, de vacances à la mer, de gardes alternées qu'on ne réalisera probablement jamais. Les avoir dits c'est déjà les avoir vécus, un peu. C'est déjà assez. C'est suffisant.

Ma sœur arrive à ce moment-là. Elle n'a aucun temps à nous consacrer. Elle veut voir le bébé. Mon frère lui demande un sursis. Le temps de terminer la cigarette qu'il vient d'allumer. On est là tous les trois sans un mot. Comme on était là tous les trois dans la salle d'attente de l'hôpital à se demander si on pourrait voir maman. Comme on était là tous les trois à se demander si papa sortirait de son coma. Comme on était là tous les trois le soir du 13 novembre chez moi à se demander si Hélène reviendrait.

Nous avons longtemps été en résistance. Tous les trois ensemble contre l'adversité. Nous ne le sommes plus. Nous acceptons les hasards et les coïncidences, les remords et les faiblesses, de rompre et même de ployer. Nous acceptons notre nom. Nous le portons.

On se quitte sur un baiser. Sur le chemin du retour je raconte à Melvil ses premiers jours à la maternité. Le premier bain que je lui ai donné dans un évier. La beauté de sa mère quand elle était fatiguée. Je lui raconte que son oncle et sa tante sont venus nous voir et comment ils l'ont trouvé beau. Que j'aurais aimé que son grand-père et sa grand-mère aient pu le voir.

Enfin, je lui dis qu'on cherchera des photos en rentrant pour que je puisse lui montrer à quoi ils ressemblaient. Le père de son père, la mère de son père.

9.

Janvier 2019

Elle est élégante. Son corps est comme une lame de couteau. Elle a de longues jambes allumettes qui semblent pliées à l'envers. Le teint irisé. Un ventre légèrement arrondi.

J'ai toujours aimé les ventres. Ils sont une chambre d'écho. J'aime y coller mon oreille pour entendre la chaleur, y poser ma bouche pour goûter la vie qui gargouille à l'intérieur.

Quelques mois séparent notre rencontre de notre décision de vivre ensemble. Tout va très vite. Elle est belle. Magnifiquement belle. Elle a cette intelligence qui nous dresse l'un contre l'autre, nous élève, nous enrichit, et nous laisse exténués. Puis cette douceur, cette science de la main posée, cet art de se glisser dans le creux de mon épaule, ce besoin d'être rassurée.

Ce matin-là, c'est la fin de l'été. Nous allons la chercher à l'aéroport. Melvil est content de la revoir. Son sourire et mes mots lui indiquent que la maison est prête pour l'accueillir.

Dans la voiture, nous nous racontons chacun nos vacances. Une façon d'oublier l'appréhension du moment où il faudra passer la porte d'entrée. Cet instant où le «nous» donnera au «je» un rôle secondaire, à côté de l'intrigue principale, en toile de fond.

Ce territoire que j'ai consciencieusement pacifié doit s'adapter à l'irruption d'une étrangère. Le nous ne signifie plus nous deux – Melvil et moi confondus, sorte de «je» double. Désormais, ce sera «nous» pour trois. Un collectif disparate, qui éclate notre géographie, rendant à chacun son «je» et nous obligeant à les faire cohabiter.

Redouter que cela ne fonctionne pas. L'éprouver à la fois comme une invasion et une libération. Se dire que ce sera dur, difficile, éprouvant sûrement, mais qu'on y arrivera.

Sentir parfois des émotions contradictoires s'élever très vite en soi. Et finalement, se faire à une seule vérité : à l'instant où elle passe la porte, je me sens bien. Je visualise du même coup l'enfermement duquel Melvil et moi ne parvenions plus à nous échapper.

Je souffle. Je vis à nouveau. Cette femme va nous permettre de regarder au-delà de nous-mêmes, de nous faire une place au monde.

Aimer après. La question du désir après la mort est sans doute la plus complexe à raconter, la plus difficile à avouer. Il faut accepter ses faiblesses, accepter que l'enfant en soi, confronté à l'abandon le plus terrifiant, va reprendre sa place, s'agiter un moment jusqu'à ce qu'il se calme.

Moi, j'ai eu très vite besoin de présence. J'ai ressenti le besoin de cet amour devenu si familier pour moi. Je ne voyais pas comment vivre sans. Comme mon père, je ne pouvais pas concevoir de ne plus aimer. Alors j'ai aimé.

J'ai d'abord appelé des femmes que j'avais connues, mes sentiments se sont dispersés. J'étais si fatigué, j'avais tant de choses à penser. Avec le recul, je crois qu'elles ont vu la détresse en moi et qu'elles ont voulu me consoler.

Il y en a eu plusieurs avant elle. Si différente des autres. Elle qui ne s'attachait pas à ce que j'étais. J'ai tout de suite voulu qu'elle soit près de moi, qu'on se rencontre, qu'on se confonde.

Avec elle, je ne disais plus : «Je ne veux pas être seul, j'ai besoin de quelqu'un.» Je pensais plutôt :

«Je vais l'aimer.» «Je vais aimer ses blessures et ses contradictions. Je vais admirer son intelligence. Je vais goûter sa présence.»

Dans l'appartement, ses premiers mouvements viennent perturber notre calme. Ils sont saccadés, désordonnés. Sa démarche est instable, de celles que j'aime et qui racontent l'incertitude. Elle bouscule tout, renverse tout, sans précautions, sans se dérober. Et m'assène ainsi que je suis toujours vivant, que ma vie n'est pas derrière moi.

Je passe des mois de bonheur intense, compliqué mais intense. Puis quelque chose monte en moi. Un refus, une colère sourde contre elle. Je mets du temps à la voir, à l'identifier, pourtant elle s'immisce partout où je pourrais lui dire : «Tu ne fais pas partie de cette vie-là.»

C'est le week-end. J'ai prévu notre emploi du temps la veille : le matin, aquarium, puis déjeuner dehors, en terrasse, et enfin courses pour le dîner. Le jour même, je lui propose de s'intégrer à notre calendrier, comme si c'était un privilège que je lui accordais. Celui de pouvoir rester à côté de nous. Comme si c'était déjà beaucoup.

Je vois sur son visage le dépit se dessiner. Elle a l'habitude, pourtant. Elle me propose de passer dans l'après-midi admirer les collections égyptiennes du

Louvre. Au fond : d'adapter mon programme à elle. Je sais qu'elle a une passion pour l'Égypte des pharaons. Elle me raconte cette émission à la radio qu'elle a écoutée quelques jours auparavant.

J'ai l'air fatigué avant même qu'elle n'ait commencé. Melvil en profite pour s'infiltrer par un interstice silencieux dans la conversation. J'écoute les deux à la fois. Je gère l'équilibre. Je lui laisse la moitié de mon attention, le reste.

Je finis par refuser sa proposition du Louvre ; on n'aura pas le temps, elle aurait pu me prévenir plus tôt. Ma mauvaise foi prend le dessus, ou me protège peut-être de ce qui serait trop dur à voir. Elle s'en va en claquant la porte. Dans un sourire gêné, j'annonce à Melvil : « On y va ? » Au fond de moi, je pense : « Elle prend trop de place. »

Avant qu'elle s'installe, j'ai retiré des affaires des tiroirs, des babioles qui pouvaient être rangées ailleurs, des petites choses sans importance. Quand j'ai compris que ce ne serait pas assez, j'ai fait encore plus d'espace.

J'ai ruminé sans comprendre que rien ne serait suffisant. Les semaines et mois suivants, il y a eu d'autres scènes, sans violence mais qui racontaient toutes la même chose. Face à elle, elle n'avait pas une personne mais deux. Pas un homme avec un enfant, plutôt un tout indissociable.

Melvil et moi formions une planète, nous l'autorisions à tourner autour, comme un satellite. Nous la laissions dans cet inconfort, jusqu'à ce que je ressente de la colère pour ce corps étranger. Je suis devenu cruel. Je lui ai fait payer quelque chose que je n'identifiais pas encore, en lui montrant que je pouvais être lâche, vil, insincère.

Un soir, elle a annoncé qu'elle partait. J'ai feint l'indifférence, j'ai ressenti du soulagement. Les semaines suivantes, je suis plusieurs fois passé chercher des affaires chez elle. Je m'en fichais des affaires, j'étais simplement incapable d'affronter un nouveau deuil, aussi symbolique soit-il.

Même quand il n'y avait plus d'affaires à récupérer, je suis passé encore. Je lui ai dit que j'avais compris, que j'allais changer. J'ai fini par la supplier de revenir. Lorsqu'elle l'a enfin fait, j'étais profondément heureux. J'ai appelé tout le monde autour de moi pour dire que j'allais faire d'autres enfants.

Nous avons fait l'amour. Puis je l'ai heurtée à nouveau. Sans raison. J'étais comme ces gamins qui coupent les pattes des insectes pour voir s'ils marchent encore. J'avais tant de colère.

Il y a, quand un amour naît et quand il meurt, un moment étrange de trouble. Quelque chose de difficile à décrire. Une sorte d'entre-deux. Un purgatoire. Un temps d'adaptation durant lequel le corps, incertain de ce qu'il reçoit ou de ce qu'il rejette, laisse l'esprit dans un état d'attente.

Ce qui, l'instant d'avant, semblait impossible devient tout à coup parfaitement réalisable, parce que ce moment d'incertitude est partagé, parce qu'on est deux à ne pas savoir, on est deux à attendre que le moment choisisse pour nous.

Le moment a choisi. Ou peut-être cette colère indomptable en moi. Elle m'a laissé seul avec Melvil. Protéger mon fils une nouvelle fois de la perte.

Cette semaine-là, comme un noyé une bouée de sauvetage, je reçois de Michel un message. Il nous invite à l'accompagner en Bretagne quelques jours. Ce sont les terres de son enfance et de son adolescence.

Il fait beau. On prend des couleurs, même sous les nuages. Il y a du vent. Un vent qui porte plus qu'il ne repousse. Une grande blonde au phrasé délié nous accueille dans la maison où nous allons résider. C'est une amie de Michel. Une amie solide : c'est elle qui lui a dit qu'il avait le droit. Le droit de devenir disc-jockey, le droit d'aimer les garçons, le droit de partir aussi.

C'est une grande maison qu'elle n'a toujours pas fini de rénover – elle ne finira probablement jamais. Elle nous installe au rez-de-chaussée, dans un petit studio. En se mettant sur la pointe des pieds, on peut apercevoir la mer. Sur mes épaules, Melvil la voit encore mieux.

Un jour, nous débarquons au bout du monde – en Bretagne, il y a des bouts du monde à chaque sortie de route départementale. Nous nous arrêtons sur une plage pour faire des châteaux. Melvil nous précède pour remonter un petit chemin caillouteux. Nous arrivons en haut d'une grande avancée sur la mer. Une dame âgée au regard inquiet et aux mains nouées semble nous y attendre depuis son jardin.

Michel reconnaît tout de suite Monique. Elle tenait la boîte de nuit dans laquelle il a fait ses plus beaux étés. À seize ans, avec les garçons, les gin-tonics et *I Wanna Dance with Somebody* de Whitney Houston. Elle nous propose d'entrer dans sa maison de bois aux airs de navire échoué.

Des cartons, des livres et des affaires sont dispersés un peu partout, mais tout est là. La piste de danse est intacte, comme les lumières, le matériel pour sonoriser, le bar et les tonneaux sur lesquels on s'asseyait pour boire. Michel nous désigne l'endroit où il officiait. Une petite boîte carrée dans laquelle trônait le roi de la soirée.

Melvil ne dit pas un mot. Il écoute, fasciné. Durant tout le séjour, il n'aura jamais rien discuté. Les longues attentes dans les restaurants pour des crêpes jambon-fromage qu'il n'avait aucune envie de manger. Les kilomètres en voiture. Les longues marches le long de la côte.

Il y a cette anecdote qu'on raconte sur moi dans ma famille : j'étais un petit garçon discret. Je ne parlais pas. J'écoutais les adultes. Un jour on a failli m'oublier sous la table d'un restaurant tellement j'étais silencieux. Du jour où j'ai commencé à parler, je ne me suis jamais arrêté, j'en ai même fait mon métier. Melvil est ce petit garçon, qui sait quand il peut être enfant et quand il faut suivre les adultes.

Le dernier matin, Michel a du travail. Puisque Melvil et moi avons cette matinée, nous prenons le temps de nous réveiller et de nous habiller, avant d'acheter un pain au chocolat. Melvil veut le manger sur la plage, juste en contrebas de la maison. Il a emporté son seau et sa pelle pour faire des châteaux de sable. Nous mettons les pieds nus dans l'eau glacée, creusons des trous et y enterrons les mauvais souvenirs.

Le soleil et les nuages se partagent l'espace et nous laissent sous un ciel mitigé. C'est le printemps, Melvil porte un pull avec un camion de pompier dessiné dessus. Il ne fait ni trop chaud ni trop froid, l'air est calme et la mer grisée.

De temps en temps, on voit passer devant nous, comme au ralenti, un marcheur ou une marcheuse, en combinaison de plongée, de l'eau jusqu'à la taille. Il me demande qui sont ces étonnants personnages.

Je lui réponds qu'ils doivent chercher dans l'eau quelque chose qu'ils ont égaré.

Je me demande ce que nous cherchons nous aussi.

Melvil vient s'asseoir à côté de moi. Il a fini son pâté, l'a piétiné, l'a reconstruit, piétiné à nouveau et maintenant il en assez. Il me demande quand on va retrouver Michel. « Bientôt », je lui réponds.

« Tu es content de tes vacances ?

— Oui. »

Je lui raconte que nous avions passé des vacances pas très loin avec sa maman, quand il était nourrisson. On avait loué une voiture pour faire le trajet. Je lui dis qu'il était si petit qu'il dormait le soir à côté de nous dans un couffin. On avait mis le matelas par terre pour être à la même hauteur. On s'était fait manger par les araignées.

Au bout du jardin, il y avait une falaise et une quinzaine ou une vingtaine de mètres plus bas, une plage presque identique à celle où nous sommes. Se souvenir du vent qui, par bourrasques, frappait à la porte. Lui ouvrir. Se rappeler ce premier été parisien que nous avons passé enfermés l'un dans l'autre. La beauté d'Hélène. Notre petit garçon de juin qui grandit d'un coup chaque été.

Remplacer la colère par l'amour. Se souvenir enfin, s'y autoriser. Combien je l'aimais. Hélène n'était ni une excuse ni un fantasme. Je ne savais pas aimer avant elle.

Je n'ai jamais su et je ne sais toujours pas comment s'est construit cet attachement viscéral que nous avions, cette complicité quasi fraternelle, ce désir de l'autre et d'être à l'autre qui ne s'est jamais atténué, amoindri, qui n'a jamais rapetissé. Je sais que je l'ai voulue instantanément, entièrement, je voulais me l'approprier, qu'elle soit à moi. L'avoir.

Elle s'est d'abord refusée. C'était le premier soir. On s'est embrassés comme des adolescents puis elle a posé sa main sur la mienne pour m'arrêter. Elle m'a dit qu'elle ne serait pas à moi. Pas comme une coquetterie. Pas comme un stratagème pour se faire désirer. Mais pour me dire : ce n'est pas ce désir-là que je recevrai. Ce n'est pas de cette envie-là que naîtra cet amour.

Je dis amour parce que je n'ai pas d'autre mot pour définir ce qui est indéfinissable. Je n'ai jamais su et ne sais toujours pas comment nous avons trouvé ce point d'équilibre ou nos désirs se rencontraient sans s'affronter, sans que l'un ne prenne le dessus sur l'autre, sans qu'aucun des deux ne soit lésé.

Je n'ai jamais su et je ne sais toujours pas comment raconter cet état de plénitude et de grâce, cette inquiétude aussi face à la perte, ce sentiment de ne plus être soi et que cet autre vous dépasse, qu'il faut être à la hauteur. Je me suis abandonné à cet amour.

Je n'ai jamais été aussi libre. Je n'ai jamais été aussi beau. Je voulais ses bras, son ventre, sa bouche, sa voix. Je voulais son passé, son avenir, sa présence.

« Te souviens-tu de ces vacances ? » je demande à Melvil. Quelques mois, même quelques semaines plus tôt, il n'aurait rien répondu. Cette fois-ci, au lieu de tourner la tête, il me fixe un long moment, comme s'il voulait en entendre plus.

Depuis quatre ans, je parle à Melvil de sa mère régulièrement. Elle est devenue ces mots portés par ceux qui l'ont connue : sa mère, sa sœur, ses amis et moi. Melvil écoute et déclame parfois, sans demander un échange.

Je lui parle d'elle, mais je n'évoque pas les circonstances de sa mort, pas directement. On ne peut pas dire à un enfant : ta mère est morte, pleure, ensuite on pourra reconstruire une image et une histoire à partir de ça. Il questionnera la fin lui-même, quand le moment sera venu.

Un an après la mort d'Hélène, j'ai appelé une amie qui a perdu son mari au même moment, leur fils a trois ou quatre ans de plus que Melvil. Elle a répondu dans sa voiture avec le haut-parleur.

La première chose que le garçon a demandé en entendant ma voix a été : « C'est papa au téléphone ? »

Les enfants attendent le retour. Le deuil n'est que

cette longue attente jusqu'à l'acceptation. Quand l'attente s'arrête, c'est là qu'ils pleurent. L'attente les protégeait, les maintenait en vie, jusqu'à ce qu'ils comprennent que le mort ne reviendra jamais.

C'est sur les conseils d'un pédopsychiatre que j'ai moi aussi attendu. J'ai attendu le moment où Melvil poserait des questions. Je savais que ça pouvait prendre des années, mais j'ai partagé son attente. J'ai tout mis de côté, hors champ, en attendant le bon moment.

Sûrement, cela m'arrangeait-il un peu. Sur la plage, je regarde Melvil et repense à cet instant vécu, des années plus tôt, après la mort de ma mère, chez mon oncle. Je lui rends visite car j'ai besoin de parler d'elle, il l'a connue, je voudrais qu'il me la confie un peu.

Je veux savoir quels films elle regardait, quelle musique elle écoutait, les cafés où elle allait. Une trace, un goût, une particularité, n'importe quelle chose qui pourrait révéler son épaisseur perdue.

Ce jour-là, c'est au mois de février, la nuit tombe tôt. J'apporte une bouteille de whisky japonais ; boire délie les langues. Le whisky, surtout. J'entre dans sa petite maison, coincée au deuxième plan d'une ruelle d'Ivry-sur-Seine. Son agencement est hiératique. Une pièce de jeu se trouve dans le prolongement de la cuisine, les chambres sont disséminées le long d'un couloir qui traverse le bâtiment principal jusqu'à l'extension – un ancien grenier.

Mon oncle affiche un visage sage et un sourire dans le regard. Il est doux et me mène discrètement dans son salon. Il me fait signe de m'installer dans les grands fauteuils en cuir. Il me parle de mon travail de journaliste à la radio. Je lui parle aussi de l'appartement où, avec Hélène, nous nous sommes installés, dans le neuvième arrondissement, rue Cadet.

Mon oncle sourit. Petit garçon déjà, je l'admirais. Il vivait alors au Burkina Faso. Lorsqu'il revenait, pendant les vacances d'été, il ressemblait à un explorateur, avec sa chemise blanche ouverte et froissée, et son pantalon en toile d'aventurier. C'est lui, aussi, qui m'a appris combien le voyage pouvait sauver une existence.

Dans son salon, je suis frappé de constater combien son attitude diffère de celle de mon père. Il paraît lié, lent, linéaire, quand mon père est saccadé. Mon oncle renvoie cette image qu'ont les hommes dont la destinée, quelle qu'elle soit, s'est accomplie. Les deux frères apparaissent comme ces ennemis que tout oppose, sauf l'origine. Mon oncle serait Jean ; mon père Pierre, le premier incarnant le versant lumineux du second.

On se sert un verre. « Tu veux me parler de l'Afrique ? » je lui demande enfin. Il me raconte ce que je sais déjà. Puis, pour entretenir la conversation, comme on souffle sur un brasier qui manque de s'éteindre, je lui annonce que je travaille sur une adaptation documentaire de *L'Afrique fantôme* de Michel Leiris – mon arrière-grand-oncle, un glorieux aïeul à l'origine d'un travail ethnographique sur le continent.

Je l'avais découvert enfant en regardant si mon nom était dans le dictionnaire. J'ai demandé qui était ce « Michel Leiris ». On m'a simplement répondu qu'il était écrivain et que c'était un homme exécrable. J'ai découvert en lisant plus tard son autobiographie – *L'Âge d'homme* – que j'étais le dernier rejeton de la descendance du frère qu'il détestait. J'ai repensé à mon oncle et à mon père. Eux aussi se sont affrontés parfois et, d'aussi loin que je me souvienne, c'est toujours mon oncle, le cadet, qui a cherché la paix. Le petit frère qui a fui quand mon père est resté.

Chez les Leiris, on a des frères ennemis et le mutisme en héritage. Et moi, d'une certaine façon, je m'éloignais des deux.

Mon idée, avec *L'Afrique fantôme*, était de refaire le voyage aujourd'hui. De Dakar à Djibouti en passant par tous les états d'âme par lesquels cette traversée me ferait passer.

J'attends l'assentiment de mon oncle. Pourtant il doute : « Ce serait impossible au vu de la situation politique. » Il m'explique ensuite les conjonctures, l'islamisation, l'héritage colonial. Il parle beaucoup, il occupe l'espace, jusqu'à ce que la conversation s'épuise complètement.

Nous sommes fatigués par l'échange. J'étais venu parler de ma mère ; nous sommes tous deux soulagés de voir la discussion se terminer sans avoir prononcé son nom. Nous nous quittons sur ce silence, en nous promettant de nous revoir vite.

Cela n'arrivera pas. Je ne ferai pas non plus le voyage de Michel Leiris à l'envers. Comme eux, j'enfermerai les fantômes en Afrique. Ceux de ma mère, de mon père et puis d'Hélène. Depuis quatre ans, je ne la laisse venir qu'une seule fois par an, à la Toussaint, lorsque je vais seul sur sa tombe pour lui parler. Lorsque je vais seul sur sa tombe pour en prendre soin.

Nettoyer la pierre. Le faire avec précaution, en silence souvent, comme si à travers la pierre c'était le corps intact du mort qu'on soignait à nouveau.

Il y a cette tradition chez les juifs de laver le corps du mort avant sa mise en terre en présence des hommes de la famille. Lorsque le père d'Hélène est décédé à Tanger, j'ai pris l'avion pour l'accompagner elle et sa sœur. Elles n'ont pas pu assister aux funérailles et à la mise en terre. Elles étaient juste à côté, à l'entrée du cimetière, j'y suis allé pour elle.

On prend le même soin pour sa pierre tombale que pour le corps du mort. Et ces tombes tout autour rappellent que la mort est une histoire par elle-même, et que cette histoire est partagée par tous, le plus grand dénominateur commun.

Le cimetière est l'un de ces rares lieux où l'on ne sent jamais vraiment seul.

Melvil repart vers la mer avec son râteau, comme s'il me laissait délicatement poursuivre une conversation qu'il risquerait d'interrompre.

Je crois qu'il sent une présence lui aussi, que je ne suis pas seul sur le sable. Nous sommes désormais trois.

Le vent souffle et, pour la première fois, je la sens là, autour de nous.

Plus de colère, plus rien, juste des bourrasques de présence. Notre deuil peut commencer.

« Oui, dis-je alors tout haut, regarde, il grandit bien. » Mon téléphone sonne, c'est Michel. Je lui demande de nous laisser cet instant, encore un peu de temps. Quelques instants plus tard, je rappelle Melvil auprès de moi et nous nous allongeons tous les trois côte à côte.

L'amour d'après, c'est un amour de fantômes. Accepter que cet amour-là appartienne à son fantôme, mais qu'un autre puisse naître, différent.

Le soir venu, nous rentrons dans le petit studio qui nous attend. Je couche Melvil et commence l'écriture de ce livre. Je veux raconter cette nouvelle période qui m'a mené jusqu'à elle.

Je me sens immensément vivant. Devant mon ordinateur, je sens ces présences autour de moi. Mon père, ma mère, Hélène. Elle fait irruption dans la pièce aussitôt que je tape sur mon clavier.

Ses cheveux noirs descendent jusqu'à la moitié de son dos. Ses mains délicates racontent la douceur de son caractère. Elle a des yeux de chouette que Melvil a gardé en héritage. Voir le monde avec les yeux de sa mère. Littéralement.

Elle s'assoit dans le coin du canapé. Discrète comme quelqu'un qui ne fait que passer. En la voyant assise là, juste à côté de moi, je comprends que cela fait trop longtemps que je ne l'ai pas regardée.

J'ai conservé en moi le moindre détail de ses traits. Sa beauté a toujours été pour moi un mystère. Une entité que je n'ai jamais pu décomposer. Un tout, sensuel et féminin, désirable et maternel, fragile et inébranlable.

Plus d'une fois j'ai voulu la manger. Sa peau, sa chair de pomme et son goût sucré. J'ai écrit mon premier récit et je l'ai dévorée, je l'ai engloutie, je n'ai rien laissé. J'ai posé son corps sur mes pages et le livre s'est refermé. Ce qu'elle m'avait empêché de faire douze ans plus tôt en posant sa main sur la mienne, je l'avais fait dans son dos, sans qu'elle puisse rien dire, sans qu'elle puisse me raisonner.

Aujourd'hui que notre histoire est devenue une histoire, que nos personnages vivent par eux-mêmes, il est temps de la retrouver.

Hélène est le crayon que je tiens, l'encre qui coule à l'intérieur, les touches de mon clavier, les mots qui apparaissent sur l'écran. Les lettres ont ses courbes, les mots sa délicatesse, leur association résonne de sa musicalité.

En exergue de ce livre, j'ai mis une citation de Maurice Blanchot : « Qui veut se souvenir doit se confier à l'oubli, à ce risque qu'est l'oubli absolu et à ce beau hasard que devient alors le souvenir. » Je l'ai découverte dans les premières pages de *L'Écriture ou la vie* de Jorge Semprun.

L'Écriture et la vie.

Le souvenir d'Hélène revient. Lui donner corps c'est exactement ça, l'écrire. Comprendre qu'elle était là tout ce temps. Comme en arrière-plan, cachée par la lumière, effacée par le quotidien, juste là mais déjà plus là, comme derrière la vitre de la chambre mortuaire dans laquelle je l'ai retrouvée la première fois.

Nous rentrons en voiture à Paris le lendemain.

Melvil est attaché à l'arrière, sur la banquette. La radio tourne en fond sonore. Un des tubes du moment, *Tout oublier*[4], résonne dans l'habitacle.

« *N'existe pas sans son contraire / Qui lui semble facile à trouver* »

Je le vois qui tend l'oreille. On monte le son.

« *Tout, il faudrait tout oublier / Pour y croire, il faudrait tout oublier* »

« Papa ?

— Oui.

— Ça veut dire quoi, tout oublier ? »

Je pense. Ça veut dire que j'ai cru que tout pourrait recommencer. J'ai cru qu'on pouvait circonscrire un espace et que les remords s'y tiendraient. J'ai cru que je serais plus fort que le chagrin. Que je pourrais le dompter.

Ça veut dire que j'ai pensé que ce serait trop lourd à porter. Que je nous ai voulus légers. Ça veut dire que je nous ai privés d'elle.

Définir les mots à un enfant, c'est s'obliger à retrouver leur sens.

« Tout oublier ça veut dire que tu laisses tous les mauvais souvenirs de côté, que tu n'y penses plus. »

Oublier. Oublier. Comme un refrain qui tourne en boucle. J'ai fait ce que je ne voulais pas faire. J'ai oublié parce que pour y croire il fallait tout oublier.

«*Le spleen n'est plus à la mode / C'est pas compliqué d'être heureux / Le spleen n'est plus à la mode / C'est pas compliqué.*»

«C'est quoi à la mode?»

Je pense. C'est ce qui a été. C'est ce qui n'est plus.

«À la mode, c'est ce que tout le monde veut en même temps.

— Pourquoi le spleen n'est plus à la mode?»

Épilogue

L'air est blanc. On entend distinctement les bruits du dehors par les fenêtres ouvertes. L'appartement est calme.

En cette fin de mois de juin 2015, Paris s'agite encore avant de s'endormir doucement pour l'été. Le sommeil de cette ville a quelque chose de fascinant. On la découvre autre. Vide.

On reconnaît des détails qu'on ne distinguait pas auparavant, masqués par la foule et le bruit. Il y a l'odeur de la pierre chauffée, la lumière qui écrase la perspective et qui froisse la ville comme pour en faire une boulette de papier, une bourrasque passe dans les platanes en bas et on croit entendre la mer.

Hélène est fatiguée. J'aime quand elle est fatiguée. Elle a dans le regard une sorte d'inquiétude, elle est comme aux aguets.

Je lui propose de s'allonger. Son corps se relâche, il devient comme élastique, on le manipule avec soin pour ne pas le casser.

Je me lève pour mettre Melvil à la sieste. Il vient d'avoir un an. Il observe ce début d'après-midi qui tourne au ralenti. Ses yeux se ferment tout seuls. C'est une petite boule de coton que je pose délicatement sur son lit après l'avoir changé. Il expire profondément. C'est le bruit que doit faire l'éternité.

Je la rejoins dans le lit, un papier à la main. Je cale des coussins sous ma tête pour pouvoir lire plus confortablement. Elle pose la sienne sur mon épaule. Ses cils chatouillent mon torse nu.

Elle a gardé son tee-shirt. Je lui dis que j'ai décidé d'écrire une lettre à Melvil pour chacun de ses anniversaires. Que quand il sera majeur je les lui donnerai toutes et il pourra lire et relire sa vie, combler les manques, et inventer la suite.

J'ai rédigé la première en quelques minutes sur un coin de table. Elle me demande de lui lire. Je commence.

Melvil, mon fils, mon amour,

Tu n'as qu'un an aujourd'hui et pourtant tu es déjà si grand. Il y a une seconde à peine, tu étais encore cette petite chose, à peine sortie du ventre de ta mère, ton visage se noyait dans des grands yeux noirs, ouverts, dès la première seconde de ce qui est désormais ta vie.

C'est moi qui ai passé la première heure avec toi. Tu as mis du temps à venir, tu étais un peu fatigué et les médecins voulaient surveiller que tu allais bien. Tu tenais dans ma main. Je t'ai dit que ta vie serait longue et belle.

C'était le 11 juin 2014, un soir très tard. Je me souviendrai toujours de ce moment où les sages-femmes t'ont déposé dans ses bras. Elle a fondu en larmes, dépassée par une émotion pour laquelle on n'a toujours pas trouvé de mot.

Alors pour décrire, et parce qu'il faut bien le dire, la coexistence en un même instant de la joie, la peur, la tendresse et le vertige, on a inventé l'amour. Ta mère et moi sommes tombés en amour le jour de ta venue.

Les enfants doivent penser que les parents ont toujours été des parents. Ce n'est pas le cas, nous étions encore les enfants de nos parents la seconde d'avant ton arrivée. Depuis nous essayons de faire de notre mieux. Ta mère est parfaite. Je fais ce que je peux.

Ton père est aujourd'hui, dans sa vie, à la croisée des chemins. Il doit prendre des risques pour continuer d'avancer, et il a besoin de courage pour prendre ces risques-là.

Ta mère est là avec moi, elle le sera toujours pour toi. Si tu as des doutes elle a, en elle, la confiance qui te permettra de les dépasser. Et puis tu es là, mon ange, pour me protéger des démons qui m'assaillent.

Découvrir cette lettre quatre ans plus tard.

La relire, en comprenant : ces lettres sont devenues des livres. Hélène est encore là, elle aussi.

Vous n'aurez pas ma haine n'était pas une trahison, c'était elle, déjà.

Il est quinze heures. Je me lève de ma table. Je dois aller chercher Melvil plus tôt à l'école pour un rendez-vous chez le médecin.

Sur le chemin, je pense aux autres lettres que je lui ai écrites. Je pense à celle où je lui raconte la mort de sa mère. Je pense à toutes celles que je n'ai pas encore écrites.

J'entre par le portail. Il est en pleine récréation mais il n'est pas surpris de me voir débarquer. Je le vois descendre du camion de bois qui occupe le centre de la cour bétonnée.

Il vient d'avoir cinq ans. Je l'entends dire à ses copains : « Il y a mon papa », et il court vers moi. J'aperçois deux petites filles le saluer au moment où il part. Il leur répond par un sourire.

Sentir monter la joie. Se dire qu'il a une vie à lui. Qu'il ne sera pas enfermé dans la mienne. Qu'il va grandir et aimer.

Je passe la porte de l'école transporté par un vent de bonheur pur. J'embrasse le petit singe enroulé autour de moi. Je ne l'embrasse pas, je le mange. Il me repousse et descends de son cocotier.

Se dire qu'il a une vie à lui et qu'elle vient de commencer.

La mienne aussi a repris. Les fantômes ont leur place, ils n'errent plus dans mon esprit, ne hantent plus notre maison. Ils peuplent notre famille.

Notes

1. Marguerite Yourcenar, *Alexis ou le Traité du vain combat*, Sans-Pareil, 1929 (première édition). Réédité par Gallimard, 1971.

2. Maurice Blanchot, *Le Livre à venir*, Gallimard, 1959.

3. Étienne Roda-Gil, *Souffrir par toi n'est pas souffrir.*

4. Angèle Van Laeken, Roméo Van Laeken, *Tout oublier.*

La photocomposition de cet ouvrage
a été réalisée par
GRAPHIC HAINAUT
30, rue Pierre-Mathieu
59410 Anzin

FSC
www.fsc.org
MIXTE
Papier issu de
sources responsables
FSC® C003309

L'Éditeur de cet ouvrage s'engage
pour la préservation de l'environnement
et utilise du papier issu de forêts gérées de manière responsable.

Imprimé en France par CPI
en octobre 2019

N° d'édition : 59520/01
N° d'impression : 154956